中外文稀有版本文献

《哥达纲领批判》

德 文 版

【德】卡尔·马克思 ◎ 著

图书在版编目（CIP）数据

《哥达纲领批判》中外文稀有版本文献：德文、英文、汉文 /（德）卡尔·马克思著；何思敬等译 . -- 北京：中央编译出版社，2024.7
ISBN 978-7-5117-4747-1

Ⅰ.①哥… Ⅱ.①卡… ②何… Ⅲ.①哥达纲领批判—马克思著作研究—德、英、汉 Ⅳ.① A811.24

中国国家版本馆 CIP 数据核字 (2024) 第 087927 号

《哥达纲领批判》中外文稀有版本文献

策划统筹	张远航
责任编辑	郑永杰　宋　妍
责任印制	李　颖
出版发行	中央编译出版社
网　　址	www.cctpcm.com
地　　址	北京市海淀区北四环西路 69 号（100080）
电　　话	（010）55627391（总编室）　（010）55627319（编辑室）
	（010）55627320（发行部）　（010）55627377（新技术部）
经　　销	全国新华书店
印　　刷	廊坊市印艺阁数字科技有限公司
开　　本	710 毫米 × 1000 毫米　1/16
字　　数	417 千字
印　　张	32.5
版　　次	2024 年 7 月第 1 版
印　　次	2024 年 7 月第 1 次印刷
定　　价	1980.00 元（全 4 册）

新浪微博：@中央编译出版社　　　微　信：中央编译出版社（ID：cctphome）
淘宝店铺：中央编译出版社直销店（http://shop108367160.taobao.com）（010）55627331

本社常年法律顾问：北京市吴栾赵阎律师事务所律师　闫军　梁勤
凡有印装质量问题，本社负责调换，电话：（010）55627320

前　言

《哥达纲领批判》写于1875年4月至5月初，是科学社会主义的重要文献，包括马克思的《德国工人党纲领批注》和他在1875年5月5日写给威·白拉克（即爱森纳赫派的领导）的信。马克思在这部著作中逐条批判了纲领草案中的拉萨尔主义观点，阐述了科学社会主义的基本原理，丰富和发展了科学社会主义理论。《哥达纲领批判》在马克思生前没有公开发表。1891年，恩格斯将这一著作作了某些删节后首次发表在1891年《新时代》杂志第1卷第18期，并写了序言。

《哥达纲领批判》在中国的传播始于中国共产党成立前后。1921年6月1日，《新青年》第9卷第2号载李达《马克思派社会主义》一文，译载《哥达纲领批判》中一段："由资本主义社会移到社会主义社会的中间，有一个政治的过度时期。这政治的过度时期，就是劳动专政。"1921年7月1日，陈独秀在《新青年》第9卷第3号发表《社会主义批评（在广州公立法政学校讲演）》一文，在谈到"无产阶级专政"时，引用《哥达纲领批判》中的一句话："在资本主义的社会和共产主义的社会底中间，有一个由这面推移则那面的革命的变形的时期。而这个时期，政治上的过渡时代就为必要。这个政治上的过渡时代，不外是无产阶级底革命的独裁政治。"1921年8月14日，施存统在《新青年》第9卷第4号发表《马克思底共产主义》一文，译载《哥达纲领批判》相关内容："从资本主义社会推移到社会主义底中间，必须经过一个革命的变形时期。同这个革命的变形时期相适应的，有一个政治上的过渡期。

这个政治上的过渡期,就是无产阶级革命的独裁政治。"1922年1月15日,中国社会主义青年团发行的机关刊物《先驱》创刊号刊载重远(即邓中夏)《共产主义与无政府主义》一文,对《哥达纲领批判》的部分内容进行简要介绍。1922年7月1日《新青年》第9卷第6号刊载贝尔著、赭选翻译的《马克思学说之两节》一文,介绍了《哥达纲领批判》中的部分内容:"权利是不能超出社会的经济构造与为经济构造所定限的文化发展以上的。""所以一个出产者那时所能收回的正是他所予于社会的,扣减去为政府、教育、以及别的社会所负担所用之数。……平等乃在统通,对于所有一切一人,都用劳动作度量标注。"可以看出,早期革命者十分关注马克思关于国家的基本观点、共产主义社会发展的阶段、无产阶级实现社会主义的正确途径、过渡时期的无产阶级专政等革命性问题。

《哥达纲领批判》第一个中文全译本由熊得山翻译,于1922年发表在北京《今日》月刊第1卷第4号"马克斯特号"第9—35页,文前有译者附记。此后,马克思主义研究会于1923年5月5日出版单行本,书前有译者写的《小引》。第二个中文全译本由李达翻译,载1923年4月10日湖南自修大学出版的《新时代》第1卷第1号第1—28页,篇名为《德国劳动党纲领栏外批评》。第三个中文全译本由彭学霈翻译,载1925年5月上海的《学灯》第7卷第5册第9、12—15号,篇名为《德意志劳动党纲领批评》,包括恩格斯序言、马克思给白拉克的信、德国社会主义工人党纲领(哥达通过),以及译者写于1924年12月15日的序言。第四个中文全译本由李春蕃(柯柏年)译,上海解放丛书社1925年8月出版,书名为《哥达纲领批评》,封面印有"解放丛书第一种"字样。本书包括恩格斯的序言、马克思给威·白拉克的信,以及对德国工人党纲领的几点意见,书后附注12条。第五个中文全译本由李一氓翻译,载1930年2月上海社会科学研究会出版的《马克思论文选择》,篇名为《哥达纲领批评》,包括恩格斯序言、马克思给威·白拉克的信,以及对德国工人党纲领的几点意见，文后有注释13条。第六个中文全译本由何思敬、徐冰合译，1939年12月解放社出版，封面印有"马恩丛书10"，内容包括：对德国工人党纲领的几点意见、恩格斯给奥·倍倍尔的信（1875年3月18—28日）、马克思给威·白拉克的信（1875年5月5日）、恩格斯给威·白拉克的信（1875年10月11日）、恩格斯给奥·倍倍尔的信（1875年10月12日）、恩格斯的序言、恩格斯给卡·考茨基的信（1891年2月23日），以及列宁在《马克思主义论国家》和《国家与革命》中的有关摘录，文后附有注释。可以看出，《哥达纲领批判》在中国传播的艰辛历程，它在每一革命时期，都受到大量关注。

中华人民共和国成立后的一段时间内，因《哥达纲领批判》新译本尚未出现，市面上流通的版本为何思敬、徐冰译本。1964年9月，由中央编译局翻译的《哥达纲领批判》单行本由人民出版社出版发行，此后，市面流通的《哥达纲领批判》版本，基本为中央编译局译本。为向国内学者提供权威的版本资料，进一步推动《哥达纲领批判》的研究，中央编译出版社此次整理出版了《哥达纲领批判》在全世界传播较为广泛的德文版、英文版，以及1949年前后中国出版的几个中文全译本。如有不当之处，敬请批评指正。

张远航
2024年5月

MARX ENGELS

PROGRAMM KRITIKEN

ELEMENTARBÜCHER DES KOMMUNISMUS

ELEMENTARBÜCHER DES KOMMUNISMUS
BAND 12

MARX-ENGELS
KRITIKEN
DER SOZIALDEMOKRATISCHEN PROGRAMM-ENTWÜRFE
VON 1875 UND 1891

ANHANG: 1. MARX UND ENGELS GEGEN DEN SOZIALDEMOKRATISCHEN OPPORTUNISMUS / 2. DIE SOZIALDEMOKRATISCHEN PARTEIPROGRAMME 1863/1925

MIT VORWORT, ANMERKUNGEN, FREMDWÖRTERVERZEICHNIS USW. VON DR. HERMANN DUNCKER

INTERNATIONALER ARBEITER-VERLAG G.M.B.H.
BERLIN C 25   KL. ALEXANDERSTR. 28

ALLE RECHTE,
INSBESONDERE DIE DES NACHDRUCKS, VORBEHALTEN
COPYRIGHT 1928 BY
INTERNATIONALER ARBEITER-VERLAG GMBH., BERLIN C 25
DRUCK: "PEUVAG" BERLIN, DRUCKEREIFILIALE CHEMNITZ

Inhaltsverzeichnis

Vorwort 5
I. Karl Marx: Zur Kritik des sozialdemokratischen Parteiprogramms 1875 15
II. Friedrich Engels: Zum Gothaer Programmentwurf 1875 . . . 43
III. Friedrich Engels: Zur Kritik des sozialdemokratischen Programmentwurfes 1891 56
Anhang I: Marx und Engels gegen sozialdemokratischen Opportunismus 71
   a) Gegen Sektenbewegung 72
   b) Gegen Kleinbürgerei und Rechtsgefahren in der Partei . . 75
   c) Gegen opportunistische Taktik in den Parlamenten 88
   d) Ueber die evtl. Notwendigkeit einer Parteispaltung 98
   e) Ueber wahre und falsche Realpolitik 102
   f) Gegen Ultralinks 114
Anhang II: Die Programme der deutschen Sozialdemokratie . . . 118
   a) Die Erwägungsgründe der Statuten der Internationalen Arbeiter-Assoziation (1864) 118
   b) § 1 des Statuts des Allgemeinen Deutschen Arbeitervereins (1863) 119
   c) Das Programm des Allgemeinen Deutschen Arbeitervereins (Leipziger Entwurf, 1863) 119
   d) Programm des Allgemeinen Deutschen Arbeitervereins (Entwurf Schweitzer, 1867) 121
   e) Programm der Sächsischen Volkspartei (1866) 122
   f) Programm des Vereinstages der Deutschen Arbeitervereine zu Nürnberg (1868) 123
   g) Das Programm der Sozialdemokratischen Arbeiterpartei (Eisenach 1869) 124
   h) Das Programm der Sozialistischen Arbeiterpartei Deutschlands (Gotha 1875) 126
   i) Programm der Sozialdemokratischen Partei Deutschlands (Erfurt 1891) 128
   k) Programm der Sozialdemokratischen Partei Deutschlands (Görlitz 1921) 132
   l) Programm der Sozialdemokratischen Partei Deutschlands (Heidelberg 1925) 138
Fremdwörter-Verzeichnis 147

德文版

Vorwort

Bei der Betrachtung des Lebenswerkes der Begründer des wissenschaftlichen Kommunismus wird oft einseitig nur der Aufbau der marxistischen Theorie ins Auge gefaßt. Aber gerade für den Marxismus ist die E i n h e i t   v o n   T h e o r i e   u n d   P r a x i s ein wesentlicher Grundsatz, und Marx und Engels haben in ihrem Leben diese Einheit ständig verwirklicht. Nicht nur in den politischen Höhepunkten ihres Schaffens: im Kommunistenbund (1847—1850) und in der Internationalen Arbeiterassoziation (1864—1872) findet diese ihre marxistische Praxis ihren machtvollen Ausdruck. Mit der Heranreifung sozialdemokratischer Landesparteien war es die Doppelaufgabe der beiden Alten in London, die marxistische Theorie vor Verfälschung, die sozialdemokratische Praxis vor Abweichungen zu bewahren. Und die Entwicklung der modernen Arbeiterbewegung hat es den Beiden wahrhaftig nicht immer leicht gemacht, wenn sie auch einen August 1914 noch nicht zu erleben brauchten!

Wir können hier nicht die gesamte international gerichtete politische Tätigkeit von Marx und Engels, — ihr ideologisches und praktisches Zellenbauen in den verschiedensten proletarischen Massenbewegungen[1] — beleuchten.

Beschränken wir uns auf ihr V e r h ä l t n i s   z u r   d e u t s c h e n   A r b e i t e r b e w e g u n g, mit der Marx und Engels nach ihrem eigenen Geständnis „inniger verwachsen waren, als mit irgend einer anderen", und hier vor allem auf die 30 Jahre von 1863 (der Begründung des Allgemeinen deutschen Arbeitervereins) bis zum Tode von Engels (1895).

Bei dem dauernden Emigrantenleben von Marx und Engels konnte sich ihre Kritik an der deutschen Arbeiterpartei zumeist nur in Briefen äußern.. Da ist es aber ein großer Uebelstand,

---

[1] Vgl. F a r w i g, „Unsere Altmeister als Zellenbauer" (Internationale 1926 S. 15 ff).

daß wichtige Briefsammlungen überhaupt noch nicht veröffentlicht worden sind, so die Briefe an August Bebel, an Wilhelm Liebknecht usw. Die bereits gedruckt vorliegenden Briefe an Sorge (Sorge-Briefwechsel 1906), an Weydemeyer (Neue Zeit, 1907), an Becker (Engels, Vergessene Briefe, 1920), an Bernstein (Engels Briefe an Bernstein, 1925), an Kugelmann (Marx' Briefe an Kugelmann, neue Auflage 1927), an Viktor Adler (1922) u. a. lassen darauf schließen, wieviel Schätze in jenen Papieren noch ungehoben lagern.

Unausgesetzt bemühten sich Marx und Engels, das deutsche Parteischifflein in richtigem Kurs zu halten. In einem Brief an Bebel vom 14. November 1879 hat Engels diese ihre Rolle folgendermaßen gekennnzeichnet:

„Es ist ja selbstredend, daß jeder in Deutschland erfochtene Sieg uns ebenso freut, wie ein anderswo erfochtener und noch mehr, weil ja die deutsche Partei von Anfang an in Anlehnung an unsere theoretischen Aufstellungen sich entwickelt hat. Aber eben deswegen muß uns auch besonders daran liegen, daß die praktische Haltung der deutschen Partei und namentlich die öffentlichen Aeußerungen der Parteileitung auch mit der allgemeinen Theorie im Einklang bleiben. Unsere Kritik ist gewiß für manchen nicht angenehm, aber mehr als alle unkritischen Komplimente muß es doch für die Partei von Vorteil sein, wenn sie im Ausland ein paar Leute hat, die unbeeinflußt von den verwirrenden Lokalverhältnissen und Einzelheiten des Kampfes von Zeit zu Zeit das Geschehene und Gesagte an den für alle moderne proletarische Bewegung geltenden theoretischen Sätzen messen und ihr den Eindruck widerspiegeln, den ihr Auftreten außer halb Deutschlands macht." (B e b e l, Aus meinem Leben, Bd. III S. 74.)

Da war zuerst die gefährliche nationalistische Rechtsschwenkung der Arbeiterbewegung in der „Realpolitik" des L a s s a l l e a n i s m u s aufzudecken und zu bekämpfen. Am schärfsten haben Marx und Engels das getan in ihrer K r i t i k d e s E n t w u r f s z u m G o t h a e r E i n i g u n g s p r o g r a m m (1875) [2]). Es handelte sich in diesem Programmentwurf um eine theoretische Basis für die

---

[2]) In seinem Begleitbrief an Bracke nennt Marx sein Manuskript: „Kritische Randglossen zum Koalitionsprogramm" (Koalition, weil es die Vereinigung der Eisenacher mit den Lassalleanern betraf). Engels bezeichnet den Programmbrief als „Kritik des Programmentwurfs" und so veröffentlichte er das Manuskript 1891 auch in der „Neuen Zeit" (9. Band 1. Hälfte S. 561—575) unter dem Titel „Zur Kritik des sozialdemokratischen Parteiprogramms". In der Literatur spricht man auch von der „Kritik des Gothaer Programms", vom Gothaer Programmbrief oder den „Randglossen" (nach der direkten Ueberschrift).

Vereinigung der von Liebknecht und Bebel geführten „sozialdemokratischen Arbeiterpartei", die 1869 in Eisenach aus dem radikaleren Teil der deutschen Arbeitervereine und der süddeutschen Demokratie erwachsen war, mit dem von Lassalle (1863) begründeten Allgemeinen Deutschen Arbeiterverein.

Ende der 70er, dann in den 80er Jahren erregten vor allem bedenkliche Rechtsabweichungen in der sozialdemokratischen Reichstagsfraktion (Reden und Abstimmungen sozialdemokratischer Parlamentarier zur Schutzzollpolitik, zur Frage der Dampfer-Subvention usw.) den Zorn der beiden Wächter. Daneben tauchten kleinbürgerliche Anschauungen in den halboffiziellen und offiziellen Organen der Partei auf (so in der „Zukunft" 1877, im „Richterschen Jahrbuch für Sozialwissenschaft und Sozialpolitik" 1879 und im „Sozialdemokrat", der seit 1879 als zentrales Parteiorgan in Zürich erschien).

Wieder und wieder warnt Engels, dem schon in der Arbeitsteilung zwischen den beiden Altmeistern besonders die Kontrolle und Beratung der sozialdemokratischen Parteien zugefallen war [3]) und der nach dem Tode von Marx (1883) nun allein das Erbe des Marxismus hütete, vor dem Abgleiten in kleinbürgerliche Reformpolitik. Als dann das neue Parteiprogramm geschaffen werden sollte — das Erfurter Programm 1891 — hat Engels abermals durch eine eingehende Kritik dem Rechtskurs zu steuern gesucht. Kautsky hat freilich diese Kritik erst zehn Jahre später (1901) veröffentlicht. Wie die „Randglossen" von Marx ist auch die Engelssche Programmkritik in den Blättern der „Neuen Zeit" begraben worden. Sonderausgaben der „Randglossen" haben erst 1920 Genosse Kreibich und Alpary in Reichenberg und der Parteiverlag der KPD 1922 erscheinen lassen. Daneben hatten aber Marx und Engels auch ultralinke Abweichungen zu bekämpfen. Solche kamen z. B. während des Sozialistengesetzes in dem Auftreten von Most und Hasselmann, die dann später zum Anarchismus

---

[3]) S. Engels im Vorwort zur Wohnungsfrage (1887): „Infolge der Teilung der Arbeit, die zwischen mir und Marx bestand, fiel es mir zu, unsere Ansichten in der periodischen Presse, also namentlich im Kampf mit gegnerischen Ansichten zu vertreten, damit Marx für die Ausarbeitung seines großen Hauptwerkes Zeit behielt. Ich kam dadurch in die Lage, unsere Anschauungsweise meist in polemischer Form, im Gegensatz zu anderen Anschauungsweisen darzustellen."

übergingen, zum Vorschein, ebenso Anfang der 90er Jahre in der Bewegung der sogenannten „Jungen". In beiden Fällen bewahrheitete sich das Leninsche Wort (Kinderkrankheiten S. 18): „Der Anarchismus war nicht selten eine Art Strafe für die opportunistischen Sünden der Arbeiterbewegung. Beide Mißbildungen ergänzten einander." In der Folgezeit sind die meisten dieser Ultralinken wieder auf den rechtesten Flügel der SPD hinübergewechselt (Schippel, Kampffmeyer u. a.) oder ganz ins bürgerliche Lager abgeschwenkt (Paul Ernst, Hans Müller u. a.). Ein Beweis für die hilflose Unsicherheit einer Politik, die den Kompaß des Marxismus eingebüßt hat!

Es ist nicht zu bezweifeln, daß die deutsche Sozialdemokratie es zum wesentlichen nur dem Umstand verdankte, nicht noch nachdrücklicher von Marx und Engels zur Ordnung gerufen worden zu sein, daß diese Beiden in England lebten und über die deutsche Partei nur lückenhafte Berichte erhielten Hätten sie an Ort und Stelle geweilt, wären sie zweifellos noch ganz anders losgefahren.[4]) Es ist aber bezeichnend, daß Engels bereits in den 80er Jahren sehr ernst den Gedanken einer Spaltung erwogen hat (z. B. im Brief an Bernstein vom 5. Juni 1884). Erst heute ermessen wir, was es für die deutsche Arbeiterbewegung bedeutet hätte, wenn die organisatorische Selbstbesinnung des Kommunismus nicht erst als Folge von 1914, sondern bereits wesentlich früher erfolgt wäre. Wir wären in die Revolution 1918 mit einer festgefügten, kampferprobten revolutionären Partei eingetreten, und Sowjetrußland stünde als proletarischer Staat heute wohl nicht allein in der Welt. — Es ist anders gekommen. Die Führer der SPD haben es verstanden, Marx und Engels immer wieder zu beruhigen, und der äußere Aufschwung der Partei schien ihnen recht zu geben. So konnten sie es sich auch gestatten, die Warnungen der Beiden sträflich zu mißachten. Man denke daran, wie das Gothaer Programm 1875 fast alle von Marx und Engels gerügten Fehler vergnügt übernommen hat!

---

[4]) Am 5. Mai 1880 schreibt Marx in einem Brief an Sorge: „Ich und Engels hatten deshalb (wegen dem Züricher „Sozialdemokrat" und Höchbergs „Zukunft") beständige Korrespondenzauseinandersetzung mit den Leipzigern, wobei's oft scharf hergeht. Aber wir haben vermieden, irgendwie öffentlich einzuschreiten. Denen, die comparativement parlant (etwas übertrieben gesprochen) ruhig im Auslande sitzen, ziemt es nicht, den unter den schwierigsten Umständen im Inland Wirkenden, zum Gaudium des Bourgeois und der Regierung, ihre Position noch zu erschweren." (Sorge-Briefwechsel S. 169.)

Das tollste Stück leistete sich aber der Parteivorstand der SPD, als er im Jahre 1895 d i e l e t z t e S c h r i f t v o n E n g e l s — die Einleitung zu Marx' „Klassenkämpfen in Frankreich" — durch Auslassung aller revolutionären Stellen in jenes Dokument des friedfertigen Sozialismus umfrisierte, das seitdem unzähligemale zitiert worden ist und als Bußschrift des ehedem revolutionären Marxismus verhängnisvollste Bedeutung erhalten hat. Engels las noch in seiner letzten Krankheit diese infame Fälschung und schrieb ganz aufgeregt an Kautsky am 1. April 1895 (und ähnlich am 3. April an Lafargue):

„Zu meinem Erstaunen sehe ich heute im „Vorwärts" einen Auszug aus meiner Einleitung o h n e m e i n V o r w i s s e n abgedruckt und d e r a r t i g z u r e c h t g e s t u t z t, daß ich als f r i e d f e r t i g e r A n b e t e r d e r G e s e t z l i c h k e i t quand même [um jeden Preis] dastehe. Umsomehr wünschte ich, daß die Einleitung in der „Neuen Zeit" ungekürzt erschiene, damit dieser s c h m ä h l i c h e E i n d r u c k verwischt wird. Ich werde Liebknecht sehr bestimmt darüber meine Meinung sagen und auch denjenigen, die, wer sie auch seien, ihm diese Gelegenheit gegeben haben, meine Meinung zu entstellen." (S. Rjasanow, Engels Einleitung zu Marx Klassenkämpfen in „Unter dem Banner des Marxismus" 1. Jahrgang S. 160 ff.)

Sein Protest hat ihm nichts mehr genützt! Der Tod kam dem deutschen Reformismus zu Hilfe. Engels starb am 5. August 1895, und die Welt hat erst durch die Veröffentlichung Rjasanows 1924 erfahren, welche grausame Rache der kleinbürgerliche Sozialismus an seinem grimmigsten Verfolger genommen hat, indem er Engels selbst, als er sich nicht mehr wehren konnte, die Zipfelmütze des pazifistischen Spießbürgers über den Kopf zog[5]). So versündigte sich die SPD an dem „Testament" von Engels bereits im Jahre 1895. Kein Wunder, daß wir in den Besitz der mit besonderer Schärfe den Opportunismus kritisierenden B r i e f e v o n E n g e l s a n B e r n s t e i n auch erst 1925 gekommen sind und ebenfalls nur durch den sanften Druck Rußlands, wie Bernstein im Vorwort wehmütig bekennt. Genosse Rjasanow hatte nämlich eine Abschrift der Briefe genommen und sie dann in Rußland herausgegeben. „Nachdem diese Veröffentlichung der Briefe erfolgt war," schreibt Bernstein im Vorwort der 1925 von ihm herausgegebenen Briefe von Friedrich Engels an Eduard Bernstein

---

[5]) Daher gelangte auch M. Beer in seiner sonst so verdienstvollen Allgemeinen Geschichte des Sozialismus (1923) zu der völlig falschen Charakteristik Engels.

(S. 5), konnte man „ihre Herausgabe in derjenigen Sprache, in der sie von Engels geschrieben wurden, nicht länger anstehen lassen."

Im übrigen glaubte die Leitung der SPD, mit radikalen Parteitagsbeschlüssen das Gespenst des Reformismus bannen zu können. Man denke an die berühmte Resolution des Dresdener Parteitages 1903. Vor einer Spaltung schreckte man ängstlich zurück. Bebel war alt und müde geworden, — er starb 1913 — und wollte um keinen Preis die unter ihm „groß" gewordene Partei wieder verkleinert sehen. Man marschierte also gegen den Reformismus in der Weise der Echternacher Springprozession: einen Schritt vorwärts, zwei Schritte zurück! Und zwischen dem immer breiter werdenden rechten Flügel und dem kleinen Häuflein entschiedener Linken um Rosa Luxemburg [6]), Franz Mehring, Clara Zetkin u. a., bildete sich der zentristische Sumpf, der jedes energische Vorgehen zur Rettung der Partei erstickte.

Daß aber Rosa Luxemburg und ihre Freunde — die späteren Genossen im Spartakusbund — nicht bereits 15 Jahre vor Ausbruch des Weltkrieges auf die Spaltung der Partei hinarbeiteten, ist erklärlich. Man glaubte, die „völkerbefreiende, revolutionäre" Sozialdemokratie würde schließlich der Versuche, den Marxismus zu revidieren, Herr werden. Gewiß, in der alten SPD herrschten sehr unklare Vorstellungen über das Wesen des Klassenstaates, über die Aufgaben einer revolutionären Klassenpartei, über das Ziel der proletarischen Diktatur. Aber man war doch nach allen Schwankungen 1890 aus dem Sozialistengesetz herausgetreten mit einem starken Distanzgefühl gegenüber dem bürgerlichen Staat, der durch das „Schandgesetz" zwölf Jahre lang die Sozialdemokratie geknebelt hatte. Dieses Distanzgefühl war in der Masse der Parteigenossen nicht theoretisch verankert, es war ein primitiver Revolutionarismus, wie es ein primitiver Marxismus war, der die Partei beseelte. Aber das Gegensatzgefühl zur bürgerlichen Gesellschaft war doch echt, und ein u n v e r h ü l l t e r Reformismus stieß auf energischen Widerstand. Die Vollmar, Schippel, Heine, Bernstein u. a. galten damals den Massen der Genossen ideologisch als Außenseiter, die der Partei schließlich

---

[6]) Vgl. Rosa Luxemburg „Gegen den Reformismus" (Gesammelte Werke B. III 1925). Dort bringt Paul Frölich in der Einleitung und den Vorbemerkungen reiches Material zur Geschichte des Opportunismus in der SPD.

doch nicht gefährlich werden könnten. Man übersah dabei das feste Band, das sich diese Reformisten bereits seit 1894 in den „Sozialistischen Monatsheften" gegeben hatten. Man übersah vor allem, wie die praktische Arbeit in der Sozialpolitik und besonders in der Genossenschafts- und Gewerkschaftsverwaltung, sowie die Herausbildung einer Arbeiteraristokratie im imperialistischen Deutschland einen Personenkreis für die reformistische Seele heranzüchtete. Die Steigerung der Quantität opportunistischer Entgleisungen und ausgesprochener Bernsteinerei mußte schließlich in die Qualität der Partei umschlagen. Auf alle Vorstöße der Reformisten antwortete man ja nur mit papierenen Resolutionen. Dagegen überließ man den Rechten eine Position nach der anderen, bis man dann schließlich 1914 mit klingendem Spiel zum kleinbürgerlichen nationalistischen Opportunismus und in den Großblock mit dem Bürgertum überlief. Hatte Bernstein, der theoretische Wortführer des Reformismus, bereits 1898 der Partei zugerufen, die SPD müsse den Mut finden, sich von einer überlebten Phraseologie zu befreien und „das scheinen zu wollen, was sie heute in Wirklichkeit ist: eine d e m o k r a t i s c h - s o z i a l i s t i s c h e R e f o r m p a r t e i" [7]), so hatte sich das nunmehr erfüllt. Auf der ganzen Linie siegte der Revisionismus.

Mit diesem offenen Bekenntnis zum Nationalismus und zum Burgfrieden 1914 war die große deutsche Sozialdemokratie bis auf das Tipfelchen auf dem i zu jener kleinbürgerlichen Reformpartei geworden, die Marx und Engels schon um 1848 angeprangert hatten. Alle ihre scharfen Kennzeichnungen des Bourgeois-Sozialismus und des kleinbürgerlichen Sozialismus z. B. der französischen Sozialdemokratie um Louis Blanc, wie sie sie damals vorgenommen haben, um die eigene (kommunistische) Partei von ihren Trugbildern abzuheben, treffen in einer ans Prophetische grenzenden Art auf die heutige Sozialdemokratie zu. Man lese, was Marx 1852 im „18. Brumaire" Neuausgabe 1927, S. 51) über die französische Sozialdemokratie 1849 geschrieben hat:

„Den sozialen Forderungen des Proletariats ward die revolutionäre Pointe abgebrochen und eine demokratische Wendung gegeben, den demokratischen Ansprüchen des Bürgertums die bloß politische Form abgestreift und ihre sozialistische Pointe herausgekehrt. So entstand die S o z i a l d e m o k r a t i e. ... Der eigentümliche Charakter der Sozialdemokratie, faßt sich dahin zusammen, daß demokratisch-repu-

---

[7]) S. Bernsteins Voraussetzungen des Sozialismus S. 165.

blikanische Institutionen als Mittel verlangt werden, nicht um zwei Extreme, Kapital und Lohnarbeit, beide aufzuheben, sondern um ihren Gegensatz abzuschwächen und in Harmonie zu verwandeln. Wie verschiedene Maßregeln zur Erreichung dieses Zweckes vorgeschlagen werden mögen, wie sehr er mit mehr oder minder revolutionären Vorstellungen sich verbrämen mag, der Inhalt bleibt derselbe. Dieser Inhalt ist die Umänderung der Gesellschaft auf demokratischem Wege, aber eine Umänderung innerhalb der Grenzen des Kleinbürgertums. Man muß sich nur nicht die borniere Vorstellung machen, als wenn das Kleinbürgertum prinzipiell ein egoistisches Klasseninteresse durchsetzen wolle. Es glaubt vielmehr, daß die besonderen Bedingungen seiner Befreiung die allgemeinen Bedingungen sind, innerhalb deren allein die moderne Gesellschaft gerettet und der Klassenkampf vermieden werden kann. Man muß sich ebensowenig vorstellen, daß die demokratischen Repräsentanten nun alle „Kleinkrämer" sind oder für dieselben schwärmen. Sie können ihrer Bildung und ihrer individuellen Lage nach himmelweit von ihnen getrennt sein. Was sie zu Vertretern des Kleinbürgertums macht, ist, daß sie im Kopfe nicht über die Schranken hinauskommen, worüber jener nicht im Leben hinauskommt, daß sie daher zu denselben Aufgaben und Lösungen theoretisch getrieben werden, wohin jene das materielle Interesse und die gesellschaftliche Lage praktisch treiben."[8])

Nicht als ob Marx und Engels nicht Wert darauf gelegt hätten, auch das Kleinbürgertum in kommunistische Gedankengänge hineinzuziehen, auch sie wußten, daß das Proletariat allein nicht die Revolution, die ja nach Marx' Worten eine „Volksrevolution"[9]) sein muß, durchführen könne. Aber unbedingt muß das Proletariat der Hegemon, der Führer der Bewegung sein, darf nicht die Ideologie des Kleinbürgertums — und gebärde es sich noch so wild — Richtung geben lassen. Kleinbürgerlicher Sozialismus ist Reformismus, oder ins Ultralinke gewandelt: Anarchismus. Reformismus und Anarchismus sind aber die Gegenpole des Marxismus bis auf den heutigen Tag.

Die einzelnen Anlässe, an die sich Marx' und Engels' Kritik der deutschen Sozialdemokratie anknüpfte, haben heute kaum noch Interesse. Aber die Ausgangspunkte des von ihnen bekämpften Spießbürgersozialismus: ökonomische Bedrängnis aber intellektuelle Unreife bestimmter Schichten des Mittelstandes, Herausbildung einer gewissen Arbeiteraristokratie, das

---

[8]) Man vergleiche die Darstellung im Kommunistischen Manifest (Ausgabe 1927 S. 51) und in Engels' Grundsätze des Kommunismus (Neuausgabe in den Elementarbüchern des Kommunismus 1928 S. 35).

[9]) S. Marx' Briefe an Kugelmann (vom 12. April 1871, S. 96).

sind auch heute noch die Quellen für den theoretischen und praktischen Reformismus. Und es sind auch heute noch dieselben großen Fragenkomplexe, bei deren Lösung sich der Marxismus allen rechten und linken Abweichungen gegenüber behaupten muß:

1. das Verhältnis der Partei zur Klasse,
2. das Verhältnis der Partei zum Bürgertum,
3. das Verhältnis der Partei zum Staate.

Auf diesen drei Gebieten liegen ja auch die Probleme und Fragen, mit deren richtiger marxistischer Beantwortung sich seit 1903 der Leninismus in der russischen Sozialdemokratie ideologisch — und hier auch organisatorisch! — herausbildete: Sekte oder Partei, Hegemonie des Proletariats, das Problem der Uebergangsforderungen und Etappenziele usw. Wenn natürlich auch die Beantwortung dieser Fragen auf Grund der weiteren ökonomischen und politischen Entwicklung bei Lenin einen neuen konkreten Inhalt und entsprechende Vertiefung fand. Uebrigens hat Lenin in seiner Schrift „Staat und Revolution" den Programmkritiken von Marx und Engels wichtige Hinweise entnommen, wie denn auch im Russischen bereits eine Sonderausgabe der „Randglossen" von Marx erschienen war.

Der Maßstab, den Marx und Engels bei der Beurteilung der sozialdemokratischen Parteipolitik verwandten, ist daher auch für unsere Bewegung noch von entscheidender Bedeutung. Vor allem stärkt es unsere Kritik der SPD, wenn wir die Anfänge ihrer politischen Knochenerweichung schon so leidenschaftlich von den Begründern des wissenschaftlichen Sozialismus bekämpft sehen.

Engels und Marx setzten ihre Hoffnungen immer wieder auf die Masse der deutschen Proletarier:

„Meiner Ansicht nach ist die **alte Partei** samt ihrer früheren Organisation **am End**."

So schrieb Engels an Johann Philipp Becker schon am 1. April 1880 (Engels, Vergessene Briefe, S. 36). Aber er fuhr zukunftssicher fort:

„Wenn die europäische Bewegung wieder in Gang kommt, dann tritt **die große Masse des deutschen Proletariats in sie ein**."

Die russische Revolution 1917 hat die europäische Bewegung wieder flott gemacht — die proletarische Masse wird das Wort Engels wahr machen. Damit erfüllt sich dann auch ein anderes Wort von Engels aus einem Briefe an Bebel vom 16. Dezember 1879 (Bebel, Aus meinem Leben, 3. Band, S. 85):

„Ein europäischer Krieg begräbt auch die jetzige deutsche Partei ... Solch ein Krieg wäre unser größtes Unglück, er könnte die Bewegung um 20 Jahre zurückwerfen. **Aber die neue Partei, die daraus schließlich doch hervorgehen müßte, würde in allen europäischen Ländern frei sein von einer Masse Bedenklichkeiten und Kleinigkeiten, die jetzt überall die Bewegung hemmen.**"

* * *

Mit der sich nötigmachenden Neuauflage der **Marxschen „Randglossen"** (zuerst 1922 im Viva-Verlag erschienen) ist der Abdruck der **Engelsschen Kritik** des Erfurter Programmentwurfes von 1891 verbunden worden. So sind jetzt diese zwei historisch bedeutsamen marxistischen Kritiken sozialdemokratischer Programme zum erstenmal vereinigt — zugleich auch als praktischer Hinweis auf die bevorstehende Schaffung eines kommunistischen Parteiprogramms!

Im **Anhang I** sind noch eine Reihe wichtiger **kritischer Aussprüche** von Marx und Engels zur sozialdemokratischen Parteientwicklung und Parteipolitik gesammelt, die in den Vorbemerkungen und Anmerkungen entsprechende Ergänzungen und Erläuterungen finden.

Im **Anhang II** bringen wir eine Sammlung der **Parteiprogramme der deutschen Sozialdemokratie**. Eine solche Uebersicht entspricht dem praktischen Bedürfnis, im Kampfe mit der SPD sowohl die sich steigernde Unzulänglichkeit ihrer theoretischen Basis — die Entwicklung von Erfurt bis Heidelberg! — aufdecken zu können, wie auch den ständigen Gegensatz zwischen Theorie und Praxis in der SPD.

In den reichlich beigefügten Anmerkungen ist auf Parallelstellen und Ergänzungen, die in den bisher erschienenen Elementarbüchern des Kommunismus enthalten sind, nur verwiesen, während wichtige Stellen aus schwerer erlangbaren Werken zitiert worden sind. Uebersetzungen und Erklärungen, die in den Text hineingestellt sind, sind durch eckige Klammern kenntlich gemacht worden.

Berlin, den 26. März 1928.

Hermann Duncker.

I.
Karl Marx:
Zur Kritik des sozialdemokratischen Parteiprogramms 1875

a) Vorbemerkung von Fr. Engels
zum Abdruck der „Randglossen" in der „Neuen Zeit"
(Band IX, 1891, Heft 18, S. 561—575)

Das hier abgedruckte Manuskript — der Begleitbrief an Bracke sowohl, wie die Kritik des Programmentwurfs — wurde 1875 kurz vor dem Gothaer Einigungskongreß an Bracke zur Mitteilung an Geib, Auer, Bebel und Liebknecht und späteren Rücksendung an Marx abgesandt. Da der Haller Parteitag [1]) die Diskussion des Gothaer Programms auf die Tagesordnung der Partei gesetzt hat, würde ich glauben, eine Unterschlagung zu begehen, wenn ich dies wichtige — vielleicht das wichtigste — in diese Diskussion einschlagende Aktenstück der Oeffentlichkeit noch länger vorenthielte [2]).

Das Manuskript hat aber noch eine andere und weiter reichende Bedeutung. Zum erstenmal wird hier die Stellung von Marx zu der von Lassalle seit dessen Eintritt in die Agitation eingeschlagnen Richtung klar und fest dargelegt, und zwar so-

---

[1]) Der sozialdemokratische Parteitag von Halle (1890) hatte nach einem Referat von Wilhelm Liebknecht die Schaffung eines neuen Parteiprogramms beschlossen. Auf dem nächsten Parteitag (in Erfurt 1891) wurde dann das alte (Gothaer) Programm durch das Erfurter Programm ersetzt.

[2]) Am 17. Januar 1891 schreibt Engels in einem Brief an Sorge (Neuyork): „In Nr. 17 der „Neuen Zeit" kommt eine Bombe: Marx' Kritik des Programmentwurfs von 1875. Du wirst Dich freuen, aber bei manchem in Deutschland wird's Zorn und Entrüstung setzen." Am 11. Februar 1891 ebenfalls an Sorge: „Den Marxschen Artikel in der „Neuen Zeit" hast Du gelesen. Er hat bei den sozialistischen Machthabern in Deutschland anfangs großen Zorn verursacht, der sich aber schon etwas zu legen scheint, dagegen in der Partei selbst — mit Ausnahme der alten Lassalleaner — sehr viel Freude." (Siehe Sorge-Briefwechsel, Stuttgart 1906, S. 352 und 355.)

wohl, was die ökonomischen Prinzipien wie die Taktik Lassalles betrifft.

Die rücksichtlose Schärfe, mit der hier der Programmentwurf zergliedert, die Unerbittlichkeit, womit die gewonnenen Resultate ausgesprochen, die Blößen des Entwurfs aufgedeckt werden, alles das kann heute, nach fünfzehn Jahren, nicht mehr verletzen. Spezifische Lassalleaner existieren nur noch im Ausland als vereinzelte Ruinen, und das Gothaer Programm ist in Halle sogar von seinen Schöpfern als durchaus unzulänglich preisgegeben worden.

Trotzdem habe ich einige persönlich scharfe Ausdrücke und Urteile da, wo dies für die Sache gleichgültig war, ausgelassen und durch Punkte ersetzt. Marx selbst würde dies tun, wenn er das Manuskript heute veröffentlichte. Die stellenweise heftige Sprache desselben war provoziert durch zwei Umstände. Erstens waren Marx und ich mit der deutschen Bewegung inniger verwachsen als mit irgendeiner anderen; der in diesem Programm-Entwurf bekundete entschiedene Rückschritt mußte uns also besonders heftig erregen. Zweitens aber lagen wir damals, kaum zwei Jahre nach dem Haager Kongreß der Internationale ³) im heftigsten Kampf mit Bakunin und seinen Anarchisten, die uns für alles verantwortlich machten, was in Deutschland in der Arbeiterbewegung geschah; wir mußten also erwarten, daß man uns auch die geheime Vaterschaft dieses Programms zuschob. Diese Rücksichten fallen jetzt weg, und mit ihnen die Notwendigkeit der fraglichen Stellen.

Auch aus preßgesetzlichen Gründen sind einige Sätze nur durch Punkte angedeutet. Wo ich einen milderen Ausdruck wählen mußte, ist er in eckige Klammer gesetzt. Sonst ist der Abdruck wörtlich ⁴).

London, 6. Januar 1891.   Fr. Engels.

---

³) Im September 1872 hatte der Haager Kongreß der Internationalen Arbeiterassoziation stattgefunden, auf dem der Ausschluß der Bakunisten erfolgte.

⁴) Wir geben in unserem Abdruck Begleitbrief und Randglossen vervollständigt nach Ergänzungen aus dem sozialdemokratischen Parteiarchiv, veröffentlicht in der „Gesellschaft" vom August 1927 (Nikolajewski: „Aus dem nachgelassenen Briefwechsel von Marx und Engels", S. 154 ff.) Die von Engels 1891 ausgelassenen Stellen sind durch runde Klammern kenntlich gemacht worden.

b) Begleitbrief von Marx zur Programmkritik von 1875

Lieber Bracke! London, 5. Mai 1875.

Nachstehende kritische Randglossen zu dem Koalitionsprogramm sind Sie wohl so gut, nach Durchlesung, zur Einsicht an Geib und Auer, Bebel und Liebknecht mitzuteilen. Ich bin überbeschäftigt und muß schon weit über das Arbeitsmaß hinausschießen, das mir ärztlich vorgeschrieben ist. Es war mir daher keineswegs ein „Genuß", solch' langen Wisch zu schreiben. Doch war es notwendig, damit später meinerseits zu tuende Schritte von den Parteifreunden, für welche diese Mitteilung bestimmt ist, nicht mißdeutet werden. (Nach abgehaltenem Koalitionskongreß werden Engels und ich nämlich eine kurze Erklärung veröffentlichen, des Inhalts, daß wir besagtem Prinzipienprogramm durchaus fernstehen und nichts damit zu tun haben.)

Es ist dies unerläßlich, da man im Ausland die von Parteifeinden sorgsam genährte Ansicht — die durchaus irrige Ansicht — hegt, daß wir die Bewegung der sog. Eisenacher Partei insgeheim von hier aus lenken. Noch in einer jüngst erschienenen russischen Schrift macht Bakunin mich z. B. (nicht nur) für alle Programme usw. jener Partei verantwortlich (sondern sogar für jeden Schritt, den Liebknecht vom Tage seiner Kooperation mit der Volkspartei getan hat).

Abgesehen davon ist es meine Pflicht, ein nach meiner Ueberzeugung durchaus verwerfliches und die Partei demoralisierendes Programm auch nicht durch diplomatisches Stillschweigen anzuerkennen.

Jeder Schritt wirklicher Bewegung ist wichtiger als ein Dutzend Programme. Konnte man also nicht — und die Zeitumstände ließen das nicht zu — **über das Eisenacher Programm hinausgehen, so hätte man einfach eine Uebereinkunft für Aktion** gegen den gemeinsamen Feind abschließen sollen. Macht man aber **Prinzipienprogramme** (statt das bis zur Zeit aufzuschieben, wo dergleichen durch längere gemeinsame Tätigkeit vorbereitet war), so errichtet man vor **aller Welt** Markensteine, an denen sie die Höhe der Parteibewegung mißt. Die Chefs der Lassalleaner kamen, weil sie die Verhältnisse dazu zwangen. Hätte man ihnen von vornherein erklärt, man lasse sich auf keinen **Prinzipienschacher** ein, so hätten sie sich mit einem Aktionsprogramm oder Organisationsplan zu gemeinschaftlicher Aktion begnügen m ü s s e n . Statt dessen erlaubt man ihnen, sich mit Mandaten bewaffnet einzustellen und erkennt diese Mandate seinerseits als bindend an, ergibt sich also den Hilfsbedürftigen auf Gnade und Ungnade. Um der Sache die Krone aufzusetzen, halten sie wieder einen Kongreß v o r d e m K o m p r o m i ß - k o n g r e ß , während die eigene Partei ihren Kongreß p o s t f e s t u m hält. (Man wollte offenbar alle Kritik eskamotieren und die eigene Partei nicht zum Nachdenken kommen lassen.) Man weiß, wie die bloße Tatsache der Vereinigung die Arbeiter befriedigt, aber man irrt sich, wenn man glaubt, dieser augenblickliche Erfolg sei nicht zu teuer erkauft.

Uebrigens taugt das Programm nichts, auch abgesehen von der Heiligsprechung der Lassalleschen Glaubensartikel ...

Die Volksstaats-Buchhandlung hat eigene Manieren. So hat man mir bis zu diesem Augenblick auch nicht ein einziges Exemplar des Abdrucks des Kölner Kommunistenprozesses zukommen lassen.

Mit bestem Gruß   Ihr   K a r l M a r x.

c) Karl Marx: Randglossen zum Programm der deutschen Arbeiterpartei (1875)

I.

1. „Die Arbeit ist die Quelle alles Reichtums und aller Kultur, u n d d a nutzbringende Arbeit nur in der Gesellschaft und durch die Gesellschaft möglich ist, gehört der Ertrag der Arbeit unverkürzt nach gleichem Rechte allen Gesellschaftsgliedern."

E r s t e r T e i l d e s P a r a g r a p h e n : „Die Arbeit ist die Quelle alles Reichtums und aller Kultur."

Die Arbeit ist n i c h t d i e Q u e l l e alles Reichtums[1]. Die Natur ist ebenso sehr die Quelle der Gebrauchswerte (und aus solchen besteht doch wohl der sachliche Reichtum !) als die Arbeit, die selbst nur die Aeußerung einer Naturkraft ist, der menschlichen Arbeitskraft. Jene Phrase findet sich in allen Kinderfibeln und ist insofern richtig, als u n t e r s t e l l t wird, daß die Arbeit mit den dazugehörigen Gegenständen und Mitteln vorgeht. Ein sozialistisches Programm darf aber solchen

---

[1] M a r x ' Kapital I (Volksausgabe, Seite 11): „Arbeit ist also nicht die einzige Quelle der von ihr produzierten Gebrauchswerte, des stofflichen Reichtums. Die Arbeit ist sein Vater, wie William Petty sagt, und die Erde seine Mutter."

bürgerlichen Redensarten nicht erlauben, die B e d i n g u n g e n zu verschweigen, die ihnen allein einen Sinn geben. Und so weit der Mensch sich von vornherein zur Natur, der ersten Quelle aller Arbeitsmittel und -gegenstände, als Eigentümer verhält, sie ihm als gehörig behandelt, wird seine Arbeit Quelle von Gebrauchswerten, also auch von Reichtum. Die Bürger haben sehr gute Gründe, der Arbeit ü b e r n a t ü r l i c h e S c h ö p f u n g s k r a f t anzudichten; denn gerade aus der Naturbedingtheit der Arbeit folgt, daß der Mensch, der kein anderes Eigentum besitzt als seine Arbeitskraft, in allen Gesellschafts- und Kulturzuständen der Sklave der andern Menschen sein muß, die sich zu E i g e n t ü m e r n d e r g e g e n s t ä n d l i c h e n A r b e i t s b e d i n g u n g e n gemacht haben. Er kann nur mit ihrer Erlaubnis arbeiten, also nur mit ihrer Erlaubnis leben [2]).

Lassen wir jetzt den Satz, wie er geht und steht, oder vielmehr hinkt. Was hätte man als Schlußfolgerung erwartet? Offenbar dies:

„Da die Arbeit die Quelle alles Reichtums ist, kann auch in der Gesellschaft sich niemand Reichtum aneignen außer als Produkt der Arbeit. Wenn er also nicht selber arbeitet, lebt er von fremder Arbeit und eignet sich auch seine Kultur auf Kosten fremder Arbeit an."

Statt dessen wird durch die Wortschraube: „u n d d a" ein zweiter Satz angefügt, um aus ihm, nicht aus dem ersten, eine Schlußfolgerung zu ziehen.

Z w e i t e r T e i l d e s P a r a g r a p h e n: „Nutzbringende Arbeit ist nur in der Gesellschaft und durch die Gesellschaft möglich."

Nach dem ersten Satz war die Arbeit die Quelle alles Reichtums und aller Kultur, also auch keine Gesellschaft ohne Arbeit möglich. Jetzt erfahren wir umgekehrt, daß keine „nutzbringende" Arbeit ohne Gesellschaft möglich ist.

Man hätte ebenso gut sagen können, daß nur in der Gesellschaft nutzlose und selbst gemeinschädliche Arbeit ein Erwerbszweig werden kann, daß man nur in der Gesellschaft vom Müßig-

---

[2]) M a r x' Kapital II (Volksausgabe 1926, Seite 14): „Welches immer die gesellschaftlichen Formen der Produktion, Arbeiter und Produktionsmittel bleiben stets ihre Faktoren. . . . Damit überhaupt produziert werde, müssen sie sich verbinden. Die besondere Art und Weise, worin diese Verbindung bewerkstelligt wird, unterscheidet die verschiedenen ökonomischen Epochen der Gesellschaftsstruktur."

gang leben kann usw.³) — kurz den ganzen Rousseau abschreiben können.

Und was ist „nutzbringende" Arbeit? Doch nur die Arbeit, die den bezweckten Nutzeffekt hervorbringt. Ein Wilder — und der Mensch ist ein Wilder, nachdem er aufgehört hat Affe zu sein — der ein Tier mit einem Stein erlegt, der Früchte sammelt usw., verrichtet „nutzbringende" Arbeit.

Drittens: Die Schlußfolgerung: „Und da nutzbringende Arbeit nur in der Gesellschaft und nur durch die Gesellschaft möglich ist — gehört der Ertrag der Arbeit unverkürzt, mit gleichem Rechte, allen Gesellschaftsgliedern."

Schöner Schluß! Wenn die nutzbringende Arbeit nur in der Gesellschaft und durch die Gesellschaft möglich ist, gehört der Arbeitsertrag der Gesellschaft — und kommt dem einzelnen Arbeiter davon nur so viel zu, als nicht nötig ist, um die „Bedingung" der Arbeit, die Gesellschaft, zu erhalten.

In der Tat ist dieser Satz auch zu allen Zeiten von den Verfechtern des jedesmaligen Gesellschaftszustandes geltend gemacht worden. Erst kommen die Ansprüche der Regierung mit allem was daran klebt, denn sie ist das gesellschaftliche Organ zur Erhaltung der gesellschaftlichen Ordnung; dann kommen die Ansprüche der verschiedenen Sorten von Privateigentum, denn die verschiedenen Sorten von Privateigentum sind die Grundlagen der Gesellschaft usw. Man sieht, man kann solche hohle Phrasen drehen und wenden wie man will.

Irgend welchen verständigen Zusammenhang haben der erste und zweite Teil des Paragraphen nur in dieser Fassung:

„Quelle des Reichtums und der Kultur wird die Arbeit nur als gesellschaftliche Arbeit" oder, was dasselbe ist, „in und durch die Gesellschaft."

Dieser Satz ist unstreitig richtig, denn wenn die vereinzelte Arbeit (ihre sachlichen Bedingungen vorausgesetzt) auch Gebrauchswerte schaffen kann, kann sie weder Reichtümer noch Kultur schaffen.

Aber ebenso unstreitig ist der andere Satz:

---

³) Marx' Einleitung zu einer Kritik der politischen Oekonomie (1857), („Neue Zeit" 21¹, Seite 710 ff.): „In Gesellschaft produzierende Individuen — daher gesellschaftlich bestimmte Produktion der Individuen ist natürlich der Ausgangspunkt ... In der Gesellschaft der freien Konkurrenz erscheint der einzelne losgelöst von den Naturbanden usw., die ihn in früheren Geschichtsepochen zum Zubehör eines bestimmten, begrenzten, menschlichen Konglomerats machen."

„Im Maße wie die Arbeit sich gesellschaftlich entwickelt und dadurch Quelle von Reichtum und Kultur wird, entwickeln sich Armut und Verwahrlosung auf Seiten des Arbeiters, Reichtum und Kultur auf Seiten des Nicht-Arbeiters.

Dies ist das Gesetz der ganzen bisherigen Geschichte.⁴) Es war also, statt allgemeine Redensarten über „d i e Arbeit" und „d i e Gesellschaft" zu machen, hier bestimmt nachzuweisen, wie in der jetzigen kapitalistischen Gesellschaft endlich die materiellen usw. Bedingungen geschaffen sind, welche die Arbeiter befähigen und zwingen, jenen gesellschaftlichen Fluch zu brechen.

In der Tat ist aber der ganze stilistisch und inhaltlich verfehlte Paragraph nur da, um das Lassallesche Stichwort vom „unverkürzten Arbeitsertrag"⁵) als Losungswort auf die Spitze der Parteifahne zu schreiben. Ich komme später zurück auf den „Arbeitsertrag", das „gleiche Recht" usw., da dieselbe Sache in etwas anderer Form wiederkehrt.

2. „In der heutigen Gesellschaft sind die Arbeitsmittel Monopol der Kapitalistenklasse. Die hierdurch bedingte Abhängig-

---

⁴) Dieses Gesetz wird von M a r x in den berühmten Worten des „Kapitals" (I. Band, Volksausgabe, Seite 691) noch ausführlicher dargelegt. (In unserer Ausgabe von E n g e l s Entwicklung des Sozialismus von der Utopie zur Wissenschaft, in den Elementarbüchern des Kommunismus, Band 7, Seite 51 f., ist diese Stelle als Anmerkung beigegeben worden.)

⁵) Ueber die Forderung des „unverkürzten Arbeitsertrages" siehe Lassalle z. B. in Briefen an Rodbertus: „Ich will also gerade den Arbeits l o h n fortfallen machen, gerade den ganzen Arbeits e r t r a g den Arbeitern zuwenden, indem ich auch den Geschäftsgewinn ganz unter sie verteile." (Lassalle-Brevier, Berlin 1920, S. 85.) Vergl. auch „An die Arbeiter Berlins 1863" (Reden und Schriften Lassalles II 735): „Hört dieser Arbeitslohn dann auf, Resultat der Selbsthilfe zu sein, wenn er steigt, und den gesamten Arbeitsertrag, also auch den Geschäftsgewinn, umfaßt?"

Engels sagt in seiner Schrift zur Wohnungsfrage 1872 (Neudruck 1887, Seite 18): „Es versteht sich übrigens von selbst, daß auch bei der durch die moderne große Industrie bedingten gesellschaftlichen Produktion jedem der „volle Ertrag seiner Arbeit", soweit diese Phrase einen Sinn hat, gesichert werden kann. Und einen Sinn hat sie nur, wenn sie dahin erweitert wird, daß nicht jeder einzelne Arbeiter Besitzer dieses „vollen Ertrages seiner Arbeit" wird, wohl aber die ganze, aus lauter Arbeitern bestehende Gesellschaft Besitzerin des gesamten Produkts ihrer Arbeit, das sie teilweise zur Konsumtion unter ihre Mitglieder verteilt, teilweise zum Ersatz und zur Vermehrung ihrer Produktionsmittel verwendet, und teilweise als Reservefonds der Produktion und Konsumtion aufspeichert."

keit der Arbeiterklasse ist die Ursache des Elends und der Knechtschaft in allen Formen."

Der dem internationalen Statut⁶) entlehnte Satz ist in dieser „verbesserten" Ausgabe falsch.

In der heutigen Gesellschaft sind die Arbeitsmittel Monopol der Grundeigentümer (das Monopol des Grundeigentums ist sogar Basis des Kapitalmonopols) u n d der Kapitalisten. Das internationale Statut nennt im betreffenden Passus weder die eine noch die andere Klasse der Monopolisten. Es spricht vom „M o n o p o l d e r A r b e i t s m i t t e l, d. h. d e r L e b e n s - q u e l l e n." der Zusatz: „L e b e n s q u e l l e n" zeigt hinreichend, daß der Grund und Boden in den Arbeitsmitteln einbegriffen ist.

Die Verbesserung wurde angebracht, weil Lassalle, aus jetzt allgemein bekannten Gründen, n u r die Kapitalistenklasse angriff, nicht die Grundeigentümer⁷). In England ist der Kapitalist meistens nicht einmal der Eigentümer des Grund und Bodens, auf dem seine Fabrik steht.

3. „Die Befreiung der Arbeit erfordert die Erhebung der Arbeitsmittel zum Gemeingut der Gesellschaft und die genossenschaftliche Regelung der Gesamtarbeit mit gerechter Verteilung des Arbeitsertrags."

„Erhebung der Arbeitsmittel zum Gemeingut," soll wohl heißen ihre „Verwandlung in Gemeingut", doch dies nur nebenbei.

Was ist „Arbeitsertrag"! Das Produkt der Arbeit oder sein Wert! Und im letzteren Fall der Gesamtwert des Produkts oder nur der Wertteil, den die Arbeit dem Wert der aufgezehrten Produktionsmittel neu zugesetzt hat?⁸)

„Arbeitsertrag" ist eine lose Vorstellung, die Lassalle an die Stelle bestimmter ökonomischer Begriffe gesetzt hat.

---

⁶) Vgl. das Statut der I n t e r n a t i o n a l e n A r b e i t e r - A s s o z i a t i o n (1864): „In Erwägung ... daß die ökonomische Unterwerfung des Arbeiters unter den Aneigner der Arbeitsmittel, d. h. der Lebensquellen, der Knechtschaft in allen ihren Formen zugrunde liegt — dem gesellschaftlichen Elend, der geistigen Verkümmerung und der politischen Abhängigkeit ... Aus diesen Gründen ist die Internationale Arbeiter-Assoziation gestiftet worden."

⁷) Vgl. M a r x , Briefe an Kugelmann (Elementarbücher des Kommunismus, Internationaler Arbeiter-Verlag, 2. Auflage 1927), Seite 21.

⁸) M a r x bezeichnet im „Kapital" den Gesamtwert des Produkts auch als Produktenwert, während der von der Arbeit neu zugesetzte Wertteil von ihm als „Neuwert" oder „Wertprodukt" benannt wird.

Was ist „gerechte Verteilung"? ⁹)

Behaupten die Bourgeois nicht, daß die heutige Verteilung „gerecht" ist? Und ist sie in der Tat nicht die einzige „gerechte" Verteilung auf Grundlage der heutigen Produktionsweise? Werden die ökonomischen Verhältnisse durch Rechtsbegriffe geregelt oder entspringen nicht umgekehrt die Rechtsverhältnisse aus den ökonomischen? ¹⁰) Haben nicht auch die sozialistischen Sektierer die verschiedensten Vorstellungen über „gerechte" Verteilung?

Um zu wissen, was man sich bei dieser Gelegenheit unter der Phrase „gerechte Verteilung" vorzustellen hat, müssen wir den ersten Paragraphen mit diesem zusammenhalten. Letzterer unterstellt eine Gesellschaft, worin „die Arbeitsmittel Gemeingut sind und die Gesamtarbeit genossenschaftlich geregelt ist", und aus dem ersten Paragraphen ersehen wir, daß „der Ertrag der Arbeit unverkürzt, nach gleichem Rechte allen Gesellschaftsgliedern gehört".

„Allen Gesellschaftsgliedern"? Auch den nicht Arbeitenden? Wo bleibt da der „unverkürzte Arbeitsertrag"? Nur den arbeitenden Gesellschaftsgliedern? Wo bleibt da „das gleiche Recht" aller Gesellschaftsglieder?

Doch „alle Gesellschaftsglieder" und „das gleiche Recht" sind offenbar nur Redensarten. Der Kern besteht darin, daß in dieser kommunistischen Gesellschaft jeder Arbeiter einen „unverkürzten" Lassalleschen „Arbeitsertrag" erhalten muß.

Nehmen wir zunächst das Wort „Arbeitsertrag" im Sinne des Produkts der Arbeit, so ist der genossenschaftliche Arbeitsertrag das g e s e l l s c h a f t l i c h e   G e s a m t p r o d u k t.

Davon ist nun abzuziehen:

E r s t e n s : Deckung zum Ersatz der verbrauchten Produktionsmittel.

---

⁹) Vgl. Engels kritischen Artikel „Gerechter Lohn für gerechte Arbeit" (siehe Anhang zu unserer Ausgabe von Marx' Lohn, Preis und Profit (Elementarbücher des Kommunismus 1926, 2. Auflage), Seite 68 ff. Dort auch Seite 43.

¹⁰) M a r x im Vorwort zur Kritik der „Politischen Oekonomie" (1859): „Meine Untersuchung mündete in dem Ergebnis, daß Rechtsverhältnisse wie Staatsformen weder aus sich selbst zu begreifen sind, noch aus der sogenannten allgemeinen Entwicklung des menschlichen Geistes, sondern vielmehr in den materiellen Lebensverhältnissen wurzeln, deren Gesamtheit Hegel, nach dem Vorgang der Engländer und Franzosen des 18. Jahrhunderts, unter dem Namen „bürgerliche Gesellschaft" zusammenfaßt, daß aber die Anatomie der bürgerlichen Gesellschaft in der politischen Oekonomie zu suchen sei."

Zweitens: Zusätzlicher Teil für Ausdehnung der Produktion.

Drittens: Reserve- oder Assekuranzfonds gegen Mißfälle, Störungen durch Naturereignisse usw.

Diese Abzüge vom „unverkürzten Arbeitsertrag" sind eine ökonomische Notwendigkeit, und ihre Größe ist zu bestimmen nach vorhandenen Mitteln und Kräften, zum Teil durch Wahrscheinlichkeitsrechnung, aber sie sind in keiner Weise aus der Gerechtigkeit kalkulierbar.

Bleibt der andere Teil des Gesamtprodukts, bestimmt als Konsumtionsmittel zu dienen.

Bevor es zur individuellen Teilung kommt, geht hiervon wieder ab:

Erstens: Die allgemeinen, nicht zur Produktion gehörigen Verwaltungskosten.

Dieser Teil wird von vornherein aufs bedeutendste beschränkt im Vergleich zur jetzigen Gesellschaft und vermindert sich im selben Maße, als die neue Gesellschaft sich entwickelt.

Zweitens: Was zur gemeinschaftlichen Befriedigung von Bedürfnissen bestimmt ist, wie Schulen, Gesundheitsvorrichtungen usw.

Dieser Teil wächst von vornherein bedeutend im Vergleich zur jetzigen Gesellschaft und nimmt im selben Maße zu, wie die neue Gesellschaft sich entwickelt.

Drittens: Fonds für Arbeitsunfähige usw., kurz für das, was heute zu der sogenannten offiziellen Armenpflege gehört.

Erst jetzt kommen wir zu der „Verteilung", die das Programm, unter Lassalleschem Einfluß, borniert Weise allein ins Auge faßt, nämlich an den Teil der Konsumtionsmittel, der unter die individuellen Produzenten der Genossenschaft verteilt wird.

Der „unverkürzte Arbeitsertrag" hat sich unter der Hand bereits in den „verkürzten" verwandelt, obgleich, was dem Produzenten in seiner Eigenschaft als Privatindividuum entgeht, ihm direkt oder indirekt in seiner Eigenschaft als Gesellschaftsglied zugute kommt.

Wie die Phrase des „unverkürzten Arbeitsertrags" verschwunden ist, verschwindet jetzt die Phrase des „Arbeitsertrags" überhaupt.

Innerhalb der genossenschaftlichen, auf Gemeingut an den Produktionsmitteln gegründeten Gesellschaft tauschen die Produzenten ihre Produkte nicht aus; ebensowenig erscheint hier die auf Produkte verwandte Arbeit a l s W e r t dieser Produkte, als eine von ihnen besessene sachliche Eigenschaft, da jetzt, im Gegensatz zur kapitalistischen Gesellschaft, die individuellen Arbeiten nicht mehr auf einem Umweg, sondern unmittelbar als Bestandteile der Gesamtarbeit existieren. Das Wort „Arbeitsertrag", auch heutzutage wegen seiner Zweideutigkeit verwerflich, verliert so allen Sinn.

Womit wir es hier zu tun haben, ist eine kommunistische Gesellschaft, nicht wie sie sich auf ihrer eigenen Grundlage e n t w i c k e l t hat, sondern umgekehrt, wie s i e e b e n a u s d e r k a p i t a l i s t i s c h e n G e s e l l s c h a f t h e r v o r g e h t; die also in jeder Beziehung, ökonomisch, sittlich, geistig, noch behaftet ist mit den Muttermalen der alten Gesellschaft, aus deren Schoß sie herkommt[11]). Demgemäß erhält der einzelne Produzent — nach den Abzügen — exakt zurück, was er ihr gibt. Was er ihr gegeben hat, ist sein individuelles Arbeitsquantum. Z. B. der gesellschaftliche Arbeitstag besteht aus der Summe der individuellen Arbeitsstunden; die individuelle Arbeitszeit des einzelnen Produzenten ist der von ihm gelieferte Teil des gesellschaftlichen Arbeitstages, sein Teil daran. Er erhält von der Gesellschaft einen Schein, daß er so und soviel Arbeit geliefert (nach Abzug seiner Arbeit für die gemeinschaftlichen Fonds), und zieht mit diesem Schein aus dem gesellschaftlichen Vorrat von Konsumtionsmitteln soviel heraus, als gleichviel Arbeit kostet. Dasselbe Quantum Arbeit, das er der Gesellschaft in einer Form gegeben hat, erhält er in der anderen zurück[12]).

Es herrscht hier offenbar dasselbe Prinzip, das den Warenaustausch regelt, soweit er Austausch Gleichwertiger ist. Inhalt und Form sind verändert, weil unter den veränderten Um-

---

[11]) Vgl. hierzu und zum Folgenden die Ausführung bei L e n i n „Staat und Revolution" (Elementarbücher des Kommunismus, 1926), Seite 87 ff. über die zwei Phasen der kommunistischen Gesellschaft.

[12]) M a r x hat auch im Kapital, I. Band, einmal das Bild einer solchen kommunistischen Wirtschaft gezeichnet, in der „die Arbeitszeit eine doppelte Rolle" spiele. „Ihre gesellschaftliche planmäßige Verteilung regelt die richtige Proportion der verschiedenen Arbeitsfunktionen zu den verschiedenen Bedürfnissen. Andererseits dient die Arbeitszeit zugleich als Maß des individuellen Anteils des Produzenten an der Gemeinarbeit und daher auch an dem individuell verzehrbaren Teil des Gemeinprodukts." (Volksausgabe S. 42, vgl. auch Kapital 3. Band 2. Hälfte S. 388.)

ständen niemand etwas geben kann außer seiner Arbeit, und weil andererseits nichts in das Eigentum der einzelnen übergehen kann, außer individuellen Konsumtionsmitteln. Was aber die Verteilung der letzteren unter die einzelnen Produzenten betrifft, herrscht dasselbe Prinzip wie beim Austausch von Warenäquivalenten, es wird gleichviel Arbeit in einer Form gegen gleichviel Arbeit in einer anderen umgetauscht.

Das g l e i c h e R e c h t ist hier daher immer noch dem Prinzip nach — das b ü r g e r l i c h e R e c h t, obgleich Prinzip und Praxis sich nicht mehr in den Haaren liegen, während der Austausch von Aequivalenten beim Warenaustausch nur i m D u r c h s c h n i t t, nicht für den einzelnen Fall existiert.

Trotz dieses Fortschrittes ist dieses g l e i c h e R e c h t stets noch mit einer bürgerlichen Schranke behaftet. Das Recht der Produzenten ist ihren Arbeitslieferungen p r o p o r t i o n a l; die Gleichheit besteht darin, daß an g l e i c h e m M a ß s t a b, der Arbeit, gemessen wird.

Der eine ist aber physisch oder geistig dem anderen überlegen, liefert also in derselben Zeit mehr Arbeiten oder kann während mehr Zeit arbeiten; und die Arbeit, um als Maß zu dienen, muß der Ausdehnung oder der Intensität nach bestimmt werden, sonst hörte sie auf, Maßstab zu sein. Dies g l e i c h e Recht ist ungleiches Recht für ungleiche Arbeit. Es erkennt keine Klassenunterschiede an, weil jeder nur Arbeiter ist wie der andere; aber es erkennt stillschweigend die ungleiche individuelle Begabung und daher Leistungsfähigkeit als natürliche Privilegien an. E s i s t d a h e r e i n R e c h t d e r U n g l e i c h h e i t, s e i n e m I n h a l t n a c h, w i e a l l e s R e c h t. Das Recht kann seiner Natur nach nur in Anwendung von gleichem Maßstab bestehen; aber die ungleichen Individuen (und sie wären nicht verschiedene Individuen, wenn sie nicht ungleiche wären) sind nur an gleichem Maßstab meßbar, soweit man sie unter einen gleichen Gesichtspunkt bringt, sie nur von einer b e s t i m m t e n Seite faßt, z. B. im gegebenen Fall sie n u r a l s A r b e i t e r betrachtet, und weiter nichts in ihnen sieht, von allem anderen absieht. Ferner: Ein Arbeiter ist verheiratet, der andere nicht; einer hat mehr Kinder als der andere usw. usw. Bei gleicher Arbeitsleistung und daher gleichem Anteil an dem gesellschaftlichen Konsumtionsfonds erhält also der eine faktisch mehr als der andere, ist der eine reicher als der andere usw. Um alle diese Mißstände zu vermeiden, müßte das Recht statt gleich, ungleich sein.

Aber diese Mißstände sind unvermeidbar in der ersten Phase der kommunistischen Gesellschaft, wie sie eben aus der kapitalistischen Gesellschaft nach langen Geburtswehen hervorgegangen ist. Das Recht kann nie höher sein als die ökonomische Gestaltung und dadurch bedingte Kulturentwicklung der Gesellschaft.

In einer höheren Phase der kommunistischen Gesellschaft, nachdem die knechtende Unterordnung der Individuen unter die Teilung der Arbeit, damit auch der Gegensatz geistiger und körperlicher Arbeit verschwunden ist; nachdem die Arbeit nicht nur Mittel zum Leben, sondern selbst das erste Lebensbedürfnis geworden; nachdem mit der allseitigen Entwicklung der Individuen auch die Produktionskräfte gewachsen sind und alle Springquellen des genossenschaftlichen Reichtums voller fließen — erst dann kann der enge bürgerliche Rechtshorizont ganz überschritten werden und die Gesellschaft auf ihre Fahnen schreiben: Jeder nach seinen Fähigkeiten, Jedem nach seinen Bedürfnissen! [13]

Ich bin weitläufiger auf den „unverkürzten Arbeitsertrag" einerseits, „das gleiche Recht", „die gerechte Verteilung" andererseits eingegangen, um zu zeigen, wie sehr man frevelt, wenn man einerseits Vorstellungen, die zu einer gewissen Zeit einen Sinn hatten, jetzt aber zu veraltetem Phrasenkram geworden, unserer Partei wieder als Dogmen aufdrängen will, andererseits aber die realistische Auffassung, die der Partei so mühevoll beigebracht worden, die aber jetzt Wurzeln in ihr geschlagen, wieder durch ideologische Rechts- und andere, den Demokraten und französischen Sozialisten so geläufige Flausen verdreht.

Abgesehen von dem bisher Entwickelten war es überhaupt fehlerhaft, von der sogenannten Verteilung Wesens zu machen und den Hauptakzent auf sie zu legen.

Die jedesmalige Verteilung der Konsumtionsmittel ist nur Folge der Verteilung der Produktionsbedingungen selbst. Letz-

---

[13] Die alte Formel der französischen Saint-Simonisten. s. „Die Nationalökonomie des Saint-Simonismus" von Prosper Enfantin 1831 (herausg. von S. Adler 1905 S. 71). „Heute endlich verkündigen wir Reichen und Armen, Herren und Dienern mehr noch als die Verbrüderung der Menschheit, die allgemeine Genossenschaft, die Klassifizierung nach der Befähigung, die Entlohnung nach der Leistung." Von Louis Blanc (1839) erweitert zu dem Satz: „Jeder schafft nach seinen Fähigkeiten, jedem wird gegeben nach seinen Bedürfnissen."

tere Verteilung aber ist ein Charakter der Produktionsweise selbst. Die kapitalistische Produktionsweise z. B. beruht darauf, daß die sachlichen Produktionsbedingungen Nichtarbeitern zugeteilt sind unter der Form von Kapitaleigentum und Grundeigentum, während die Masse nur Eigentümer der persönlichen Produktionsbedingung, der Arbeitskraft ist. Sind die Elemente der Produktion derart verteilt, so ergibt sich von selbst die heutige Verteilung der Konsumtionsmittel. Sind die sachlichen Produktionsbedingungen genossenschaftliches Eigentum der Arbeiter selbst, so ergibt sich ebenso eine von der heutigen verschiedene Verteilung der Konsumtionsmittel. Der Vulgärsozialismus (und von ihm wieder ein Teil der Demokratie) hat es von den bürgerlichen Oekonomen übernommen, die Distribution als von der Produktionsweise unabhängig zu betrachten und zu behandeln, daher den Sozialismus als hauptsächlich um die Distribution sich drehend, darzustellen.[14]) Nachdem das wirkliche Verhältnis längst klargelegt, warum wieder rückwärts gehen?

4. „**Die Befreiung der Arbeit muß das Werk der Arbeiterklasse sein, der gegenüber alle anderen Klassen n u r e i n e r e a k t i o n ä r e M a s s e sind.**"

Die erste Strophe ist aus den Eingangsworten der internationalen Statuten, aber „verbessert".[15]) Dort heißt es: „Die Befreiung der Arbeiterklasse muß die Tat der Arbeiter selbst sein"; hier hat dagegen „die Arbeiterklasse" zu befreien — was? „die Arbeit". Begreife wer kann.

Zum Schadenersatz ist dagegen die Gegenstrophe Lassallesches Zitat vom reinsten Wasser: „der (der Arbeiterklasse)

---

[14]) M a r x' Kapital 2. Band (Volksausgabe 1926 S. 83): „Es entspricht übrigens dem bürgerlichen Horizont, wo das Geschäftemachen den ganzen Kopf einnimmt, nicht im Charakter der Produktionsweise die Grundlage der ihr entsprechenden Verkehrsweise zu setzen, sondern umgekehrt." Noch eingehender beschäftigte sich Marx mit dem Verhältnis von Produktion und Distribution in der Einleitung zu einer Kritik der politischen Oekonomie („Neue Zeit", 21^1 S. 741 ff.): „Die Gliederung der Distribution ist vollständig bestimmt durch die Gliederung der Produktion. Die Distribution ist selbst ein Produkt der Produktion."

[15]) Die Allgemeinen S t a t u t e n d e r I n t e r n a t i o n a l e n A r b e i t e r - A s s o z i a t i o n beginnen mit den Worten: „In Erwägung, daß die Emanzipation der Arbeiterklasse das Werk der Arbeiterklasse selbst sein muß . . ."

gegenüber alle anderen Klassen **nur eine reaktionäre Masse bilden**".¹⁶)

Im Kommunistischen Manifest heißt es: „Von allen Klassen, welche heutzutage der Bourgeoisie gegenüber stehen, ist nur das Proletariat eine **wirklich revolutionäre Klasse**. Die übrigen Klassen verkommen und gehen unter mit der großen Industrie, das Proletariat ist ihr eigenstes Produkt."¹⁷)

Die Bourgeoisie ist hier als revolutionäre Klasse aufgefaßt — als Trägerin der großen Industrie — gegenüber Feudalen und Mittelständen, welche alle gesellschaftlichen Positionen behaupten wollen, die das Gebilde veralteter Produktionsweisen. Sie bilden also nicht **zusammen** mit der **Bourgeoisie** nur eine reaktionäre Masse.

Andererseits ist das Proletariat der Bourgeoisie gegenüber revolutionär, weil es, selbst erwachsen auf dem Boden der großen Industrie, der Produktion den kapitalistischen Charakter abzustreifen strebt, den die Bourgeoisie zu verewigen sucht. Aber das Manifest setzt hinzu: Daß die „Mittelstände... revolutionär werden im Hinblick auf ihren bevorstehenden Uebergang ins Proletariat".

Von diesem Gesichtspunkt ist es also wieder Unsinn, daß sie, zusammen mit der Bourgeoisie und obendrein den Feudalen, gegenüber der Arbeiterklasse „nur eine reaktionäre Masse bilden".

Hat man bei den letzten Wahlen Handwerkern, kleinen Industriellen usw. und **Bauern** zugerufen: uns gegenüber bildet ihr mit Bourgeois und Feudalen nur eine reaktionäre Masse?

Lassalle wußte das Kommunistische Manifest auswendig, wie seine Gläubigen die von ihm verfaßten Heilsschriften. Wenn er es also grob verfälschte, geschah es nur, um seine Allianz mit den absolutistischen und feudalen Gegnern wider die Bourgeoisie zu beschönigen.

---

¹⁶) „Die (Arbeiter) Partei also, neben welcher jede andere Partei im Lande als eine zurückgebliebene und reaktionäre erscheint!" Aus einer Rede Lassalles vor den Berliner Arbeitern 1863 (Reden und Schriften II. 948; vgl. Mehring: „Geschichte der Sozialdemokratie". 1903, III, 223. Dort etwas andere Fassung: „Vor mir also verschwinden die Unterschiede und Gegensätze, welche sonst die reaktionäre Partei und die Fortschrittspartei trennen. Vor mir also sinken sie trotz dieser Unterschiede zu einer gemeinsamen reaktionären Partei zusammen." Vgl. Neue Zeit, XV², Seite 513: Die Geschichte eines Schlagwortes.)

¹⁷) S. Kommunistisches Manifest (Elementarbücher des Kommunismus 1927 4. Aufl.) S. 33 auch S. 24.

Im obigen Paragraph wird nun zudem sein Weisheitsspruch an den Haaren herbeigezogen, ohne allen Zusammenhang mit dem verballhornten Zitat aus dem Statut der Internationale Es ist also hier einfach eine Impertinenz, und zwar keineswegs Herrn Bismarck mißfällige, eine jener wohlfeilen Flegeleien, worin der Berliner Marat macht.

[5.] [18]) „Die Arbeiterklasse wirkt für ihre Befreiung zunächst **im Rahmen des heutigen nationalen Staats**, sich bewußt, daß das notwendige Ergebnis ihres Strebens, welches den Arbeitern aller Kulturländer gemeinsam ist, die internationale Völkerverbrüderung sein wird."

Lassalle hatte im Gegensatz zum Kommunistischen Manifest und zu allem früheren Sozialismus die Arbeiterbewegung vom engsten nationalen Standpunkt gefaßt. Man folgt ihm darin, und dies nach dem Wirken der Internationale!

Es versteht sich ganz von selbst, daß, um überhaupt kämpfen zu können, die Arbeiterklasse sich bei sich zu Haus organisieren muß als **Klasse**, und daß das Inland der unmittelbare Schauplatz ihres Kampfes. Insofern ist ihr Klassenkampf, nicht dem Inhalt, sondern, wie das Kommunistische Manifest sagt, „der Form nach" national.[19]) Aber der „Rahmen des heutigen nationalen Staats", z. B. des deutschen Reichs, steht selbst wieder ökonomisch „im Rahmen" des Weltmarkts, politisch „im Rahmen" des Staatensystems. Der erste beste Kaufmann weiß, daß der deutsche Handel zugleich ausländischer Handel ist, und die Größe des Herrn Bismarck besteht ja eben in einer Art **internationaler** Politik.

Und worauf reduziert die deutsche Arbeiterpartei ihren Internationalismus? Auf das Bewußtsein, daß das Ergebnis ihres Strebens „**die internationale Völkerverbrüderung** sein wird" — eine dem bürgerlichen Freiheits- und Friedensbund entlehnte Phrase, die als Aequivalent passieren soll für die internationale Verbrüderung der Arbeiterklassen im gemeinschaftlichen Kampf gegen die herrschenden Klassen und ihrer Regierungen. **Von internationalen Funktionen der deutschen Arbeiterklasse also kein Wort!** Und so soll sie ihrer eigenen, mit den Bourgeois aller anderen Länder bereits gegen sie verbrüderten Bourgeoisie und Herrn

---

[18]) Im Marxschen Manuskript scheint hier die Numerierung (Ziffer 5) vergessen worden zu sein.
[19]) S. Kommunistisches Manifest S. 34 auch S. 41.

Bismarcks internationaler Verschwörungspolitik das Paroli bieten!

In der Tat steht das internationale Bekenntnis des Programms **noch unendlich tief** unter dem der Freihandelspartei. Auch sie behauptet, das Ergebnis ihres Strebens sei „die internationale Völkerverbrüderung". Sie **tut** aber auch etwas, um den Handel international zu machen und begnügt sich keineswegs bei dem Bewußtsein — daß alle Völker bei sich zu Haus Handel treiben.

Die internationale Tätigkeit der Arbeiterklassen hängt in keiner Art von der Existenz der „**Internationalen Arbeiter-Assoziation**" ab.[20] Diese war nur der erste Versuch, jener Tätigkeit ein Zentralorgan zu schaffen; ein Versuch, der durch den Anstoß, welchen er gab, von bleibendem Erfolg, aber in seiner **ersten historischen Form** nach dem Fall der Pariser Kommune nicht länger durchführbar war.

Bismarcks „Norddeutsche"[21] war vollständig im Recht, wenn sie zur Zufriedenheit ihres Meisters verkündete, die deutsche Arbeiterpartei habe in dem neuen Programm dem Internationalismus abgeschworen.

II.

„**Von diesen Grundsätzen ausgehend, erstrebt die deutsche Arbeiterpartei mit allen gesetzlichen Mitteln den freien Staat — und — die sozialistische Gesellschaft; die Aufhebung des Lohnsystems mit dem ehernen Lohngesetz — und — der Ausbeutung in jeder Gestalt; die Beseitigung aller sozialen und politischen Ungleichheit.**"

Auf den „freien" Staat komme ich später zurück.

Also in Zukunft hat die deutsche Arbeiterpartei an Lassalles „ehernes Lohngesetz"[22] zu glauben! Damit es nicht verloren

---

[20] Die Internationale Arbeiter-Assoziation war 1864 begründet worden, 1872 wurde — nach der Abspaltung des Bakuninistischen Flügels — der Sitz der Leitung nach Neuyork verlegt. 1876 wurde die Internationale Arbeiter-Assoziation formell aufgelöst.

[21] Die „Norddeutsche Allgemeine Zeitung" war 1861 durch Braß begründet worden, der auch W. Liebknecht in die Redaktion hineinzog. Als Liebknecht merkte, daß Braß das Blatt an das Ministerium Bismarck verkauft hatte, schied er sofort aus. (Mehring, Karl Marx, S. 338.)

[22] **Lassalle** im „Offenen Antwortschreiben" (1863) — s. Ausgabe 1907, S. 38, auch Lassalle Reden und Schriften Berlin 1892 II. Bd. S. 421 — „Das eherne ökonomische Gesetz, welches unter den heutigen

geht, begeht man den Unsinn, von „Aufhebung des Lohnsystems" (sollte heißen: System der Lohnarbeit) mit dem „ehernen Lohngesetz" zu sprechen. Hebe ich die Lohnarbeit auf, so hebe ich natürlich auch ihre Gesetze auf, seien sie „ehern" oder schwammig. Aber Lassalles Bekämpfung der Lohnarbeit dreht sich fast nur um dies sogenannte Gesetz. Um daher zu beweisen, daß die Lassallesche Sekte gesiegt hat, muß das „Lohnsystem mit dem ehernen Lohngesetz" aufgehoben werden, und nicht ohne dasselbe.

Verhältnissen, unter der Herrschaft von Angebot und Nachfrage nach Arbeit, den Arbeitslohn bestimmt, ist dieses: daß der durchschnittliche Arbeitslohn immer auf den notwendigen Lebensunterhalt reduziert bleibt, der in einem Volke gewohnheitsmäßig zur Fristung der Existenz und zur Fortpflanzung erforderlich ist. Dies ist der Punkt, um welchen der wirkliche Tageslohn in Pendelschwingungen jederzeit herum gravitiert, ohne sich jemals lange weder über denselben erheben, noch unter denselben hinunter fallen zu können. Er kann sich nicht dauernd über diesen Durchschnitt erheben — denn sonst entstünde durch die leichtere, bessere Lage der Arbeiter eine Vermehrung der Arbeiterehen, und der Arbeiterfortpflanzung, eine Vermehrung der Arbeiterbevölkerung und somit des Angebots von Händen, welche den Arbeitslohn wieder auf und unter seinen früheren Stand herabdrücken würde. Der Arbeitslohn kann auch nicht dauernd tief unter diesen notwendigen Lebensunterhalt fallen, denn dann entstehen — Auswanderungen, Ehelosigkeit, Enthaltung von der Kinderzeugung und endlich eine durch Elend erzeugte Verminderung der Arbeitszahl, welche somit das Angebot von Arbeiterhänden noch verringert und den Arbeitslohn daher wieder auf den früheren Stand zurückbringt." Die marxistische Kritik des „ehernen Lohngesetzes" bekämpft 1. die Begründung des Gesetzes durch absolute biologische und physiologische „Naturgesetze", 2. die Starrheit in der Formulierung, wodurch zeitweise Möglichkeiten einer Lohnerhöhung ebenso ausgeschlossen erscheinen, wie die dauernde Verelendung und Vernichtung breiter Massen, 3. die Vertuschung des Immerschärferwerdens der Klassengegensätze. Mit Recht weisen Marx und Engels daraufhin, daß das Lohngesetz nicht ehern, sondern „elastisch" sei. Elastisch — und zwar vor allem nach unten! (Vgl. Engels in einer Anmerkung zu Marx' Elend der Philosophie, S. 24.) Es kennzeichnete den Prozeß reformistischer Verblödung in der SPD, wenn es führende Genossen in der Partei gab, die aus der Tatsache, daß — endlich! — im Erfurter Programm 1891 das „eherne Lohngesetz" fallen gelassen wurde, ein Anerkenntnis der reformistischen Behauptung von dem ökonomischen Aufstieg der Arbeiterklasse sahen. (Z. B. Ludwig Frank auf dem Nürnberger Parteitag 1908 — Protokoll S. 319 — und Professor Th. Ziegler schrieb freudestrahlend in seinem Büchlein „Die soziale Frage eine sittliche Frage" 1891 S. 2: „Durch jene Erklärung hat die Sozialdemokratie wenigstens im Prinzip den Boden der Revolution verlassen und sich in eine Partei der Reform umgewandelt, ... ist regierungsfähig geworden.")

Von dem „ehernen Lohngesetz" gehört Lasalle bekanntlich nichts als das den Goetheschen „ewigen, ehernen großen Gesetzen" entlehnte Wort „ehern"[23]. Das Wort e h e r n ist eine Signatur, woran sich die Rechtgläubigen erkennen. Nehme ich aber das Gesetz mit Lassalles Stempel und daher in seinem Sinn, so muß ich es auch mit seiner Begründung nehmen. Und was ist sie? Wie Lange[24] schon kurz nach Lassalles Tod zeigte: die (von Lange selbst gepredigte) Malthussche Bevölkerungstheorie[25]. Ist diese aber richtig, so kann ich wieder das Gesetz n i c h t aufheben und wenn ich hundertmal die Lohnarbeit aufhebe, weil das Gesetz dann nicht nur das System der Lohnarbeit, sondern j e d e s gesellschaftliche System beherrscht. Gerade hierauf fußend, haben seit fünfzig Jahren und länger die Oekonomisten bewiesen, daß der Sozialismus das n a t u r - b e g r ü n d e t e Elend nicht aufheben, sondern nur v e r - a l l g e m e i n e r n, gleichzeitig über die ganze Oberfläche der Gesellschaft verteilen könne!

Aber all das ist nicht die Hauptsache. G a n z a b g e s e h e n von der f a l s c h e n Lassalleschen Fassung des Gesetzes, besteht der wahrhaft empörende Rückschritt darin:

Seit Lassalles Tod[26] hat sich die wissenschaftliche Einsicht in u n s e r e r Partei Bahn gebrochen, daß der Arbeitslohn nicht das ist, was er zu sein s c h e i n t, nämlich der W e r t, resp. P r e i s d e r A r b e i t, sondern nur eine maskierte Form für den W e r t resp. P r e i s d e r A r b e i t s k r a f t. Damit war die ganze bisherige bürgerliche Auffassung des Arbeitslohnes sowie die ganze bisher gegen selbe gerichtete Kritik ein für allemal über den Haufen geworfen und klargestellt, daß der Lohnarbeiter nur die Erlaubnis hat, für sein eigenes Leben zu arbeiten, d. h. zu l e b e n, soweit er gewisse Zeit umsonst für

---

[23] S. Goethe „Das Göttliche" (1781): „Nach ewigen, ehernen — Großen Gesetzen — Müssen wir alle — Unseres Daseins — Kreise vollenden."

[24] Vgl. F. A. L a n g e die Arbeiterfragen (1865) (Neuausgabe von Mehring, 1910). Gleich das erste Kapitel beschäftigt sich mit dem Kampf ums Dasein und mit Malthus (S. 50 ff.)

[25] Ueber Malthus s. M a r x über den Arbeitslohn 1847 (in Marx' Lohnarbeit und Kapital, Elementarbücher des Kommunismus, 2. Auflage 1927) S. 56—63. Vgl. auch Marx' Kapital I (Volksausgabe S. 552 f. u. 574 f. „Die allgemeinen Bewegungen des Arbeitslohnes sind also nicht bestimmt durch die Bewegung der absoluten Anzahl der Arbeiterbevölkerung, sondern durch das wechselnde Verhältnis, worin die Arbeiterklasse in aktive Armee und Reservearmee zerfällt..."

[26] Ferdinand Lassalle (geboren 1825) fiel im Duell 1864.

den Kapitalisten (daher auch für dessen Mitzehrer am Mehrwert) arbeitet; daß das ganze kapitalistische Produktionssystem sich darum dreht, diese Gratisarbeit zu verlängern durch Ausdehnung des Arbeitstages oder durch Entwicklung der Produktivität resp. größere Spannung der Arbeitskraft usw.; daß also das System der Lohnarbeit ein System der Sklaverei, und zwar einer Sklaverei ist, die im selben Maße härter wird, wie sich die gesellschaftlichen Produktivkräfte der Arbeit entwickeln, ob nun der Arbeiter bessere oder schlechtere Zahlung empfange. Und nachdem diese Einsicht unter unserer Partei sich mehr und mehr Bahn gebrochen, kehrt man zu Lassalles Dogmen zurück, obgleich man nun wissen mußte, daß Lassalle n i c h t w u ß t e, was der Arbeitslohn war, sondern im Gefolg der bürgerlichen Oekonomen, den Schein für das Wesen der Sache nahm.

Es ist, als ob unter Sklaven, die endlich hinter das Geheimnis der Sklaverei gekommen und in Rebellion ausgebrochen, ein in veralteten Vorstellungen befangener Sklave auf das Programm der Rebellion schriebe: die Sklaverei muß abgeschafft werden, weil die Beköstigung der Sklaven im System der Sklaverei ein gewisses niedriges Maximum nicht überschreiten kann!

Die bloße Tatsache, daß die Vertreter unserer Partei fähig waren, ein so ungeheuerliches Attentat auf die in der Parteimasse verbreitete Einsicht zu begehen, beweist sie nicht allein, mit welchem (frevelhaften) Leichtsinn, (mit welcher Gewissenlosigkeit) sie bei Abfassung des Kompromißprogramms zu Werke gingen!

Anstatt der unbestimmten Schlußphrase des Paragraphen „die Beseitigung aller sozialen und politischen Ungleichheit" war zu sagen: daß mit der Abschaffung der Klassenunterschiede von selbst alle aus ihnen entspringende soziale und politische Ungleichheit verschwindet.

III.

„Die deutsche Arbeiterpartei verlangt, um die Lösung der sozialen Fragen anzubahnen, die Errichtung von Produktivgenossenschaften mit Staatshilfe unter der demokratischen Kontrolle des arbeitenden Volkes. Die Produktivgenossenschaften sind für Industrie und Ackerbau in solchem Umfang ins Leben zu rufen, daß aus ihnen die sozialistische Organisation der Gesamtarbeit entsteht."

Nach dem Lassalleschen „ehernen Lohngesetz" das Heilsmittel des Propheten. Es wird in würdiger Weise „angebahnt". An die Stelle des existierenden Klassenkampfes tritt eine Zeitungsschreiberphrase: „die soziale F r a g e", deren „L ö s u n g" man „anbahnt". Statt aus dem revolutionären Umwandlungsprozesse der Gesellschaft „entsteht" die „sozialistische Organisation der Gesamtarbeit" aus „der Staatshilfe", die der Staat Produktivgenossenschaften gibt, die e r, nicht der Arbeiter, „i n s L e b e n r u f t". Es ist dies würdig der Einbildung Lassalles, daß man mit Staatsanleihen ebensogut eine neue Gesellschaft bauen kann wie eine neue Eisenbahn!

Aus (einem Rest von) Scham stellt man „die Staatshilfe" — unter die demokratische Kontrolle des „arbeitenden Volkes".

Erstens besteht „das arbeitende Volk" in Deutschland zur Majorität aus Bauern und nicht aus Proletariern.

Zweitens heißt „demokratisch" zu deutsch „volksherrschaftlich". Was heißt aber „die volksherrschaftliche Kontrolle des arbeitenden Volkes"? Und nun gar bei einem Arbeitervolk, das durch diese Forderungen, die es an den Staat stellt, sein volles Bewußtsein ausspricht, daß es weder an der Herrschaft ist, noch zur Herrschaft reif ist!

Auf die Kritik des von Buchez unter Louis Philippe im G e g e n s a t z gegen die französischen Sozialisten verschriebenen, und von den reaktionären Arbeitern des „A t e l i e r" angenommenen Rezepts, ist es überflüssig hier einzugehen [27]. Es liegt auch der Hauptanstoß nicht darin, daß man diese spezifische Wunderkur ins Programm geschrieben, sondern daß man überhaupt vom Standpunkt der Klassenbewegung zu dem der Sektenbewegung zurückgeht.

Daß die Arbeiter die Bedingungen der genossenschaftlichen Produktion auf sozialem, und zunächst bei sich auf nationalem Maßstab herstellen wollen, heißt nur, daß sie an der Umwälzung der jetzigen Produktionsbedingungen arbeiten, und hat nichts gemein mit der Stiftung von Kooperativgesellschaften mit Staatshilfe. Was aber die jetzigen Kooperativgesellschaften [28] betrifft, so haben sie n u r Wert, soweit sie unabhängige, weder von den Regierungen noch von den Bourgeois protegierte Arbeiterschöpfungen sind.

---

[27]) Das Rezept der Produktivgenossenschaften mit Staatshilfe.
[28]) Ueber die Kooporativgesellschaft s. die von Marx verfaßte Resolution der Internationalen Arbeiter-Assoziation in Genf (1866) in der Kautskyschen Ausgabe der Inauguraladresse 1922 S. 45.

IV.

Ich komme jetzt zum demokratischen Abschnitt.

a) „Freiheitliche Grundlage des Staats."

Zunächst nach II. erstrebt die deutsche Arbeiterpartei „den freien Staat".

Freier Staat — was ist das?

Es ist keineswegs Zweck der Arbeiter, die den beschränkten Untertanenverstand los geworden, den Staat frei zu machen. Im deutschen Reich ist der „Staat" fast so „frei" als in Rußland. Die Freiheit besteht darin, den Staat aus einem der Gesellschaft übergeordneten in ein ihr durchaus untergeordnetes Organ zu verwandeln, und auch heutig sind die Staatsformen freier oder unfreier im Maß, worin sie die „Freiheit des Staats" beschränken.

Die deutsche Arbeiterpartei — wenigstens, wenn sie das Programm zu dem ihrigen macht, — zeigt, wie ihr die sozialistischen Ideen nicht einmal hauttief sitzen; indem sie, statt die bestehende Gesellschaft (und es gilt das von jeder künftigen) als Grundlage des bestehenden Staats (oder künftigen für künftige Gesellschaft) zu behandeln, den Staat vielmehr als ein selbständiges Wesen behandelt, das seine eigenen geistigen, sittlichen, freiheitlichen Grundlagen besitzt.

Und nun gar der wüste Mißbrauch, den das Programm mit den Worten „heutiger Staat", „heutige Gesellschaft" treibt, und den noch wüsteren Mißverstand, den es über den Staat anrichtet, an den es seine Forderungen richtet!

Die „heutige Gesellschaft" ist die kapitalistische Gesellschaft, die in allen Kulturländern existiert, mehr oder weniger frei von mittelaltrigem Beisatz, mehr oder weniger durch die besondere geschichtliche Entwicklung jedes Landes modifiziert, mehr oder weniger entwickelt. Dagegen der „heutige Staat" wechselt mit der Landesgrenze. Er ist ein andrer im preußisch-deutschen Reich als in der Schweiz, ein andrer in England als in den Vereinigten Staaten. „Der heutige Staat" ist also eine Fiktion.

Jedoch haben die verschiedenen Staaten der verschiedenen Kulturländer trotz ihrer bunten Formverschiedenheit alle das gemein, daß sie auf dem Boden der modernen bürgerlichen Gesellschaft stehen, nur einer mehr oder minder kapitalistisch entwickelten. Sie haben daher auch gewisse wesentliche Charaktere gemein. In diesem Sinne kann man von „heutigem Staatswesen" sprechen, im Gegensatz zur Zukunft, worin seine jetzige Wurzel, die bürgerliche Gesellschaft, abgestorben ist.

Es fragt sich dann: welche Umwälzung wird das Staatswesen in einer kommunistischen Gesellschaft erleiden! In anderen Worten, welche gesellschaftlichen Funktionen bleiben dort übrig, die jetzigen Staatsfunktionen analog sind? Diese Frage ist nur wissenschaftlich zu beantworten, und man kommt dem Problem durch tausendfache Zusammensetzung des Wortes Volk mit dem Wort Staat auch nicht um einen Flohsprung näher.

Zwischen der kapitalistischen und der kommunistischen Gesellschaft liegt die Periode der revolutionären Umwandlung der einen in die andere. Der entspricht auch eine politische Uebergangsperiode, deren Staat nichts anderes sein kann als die revolutionäre Diktatur des Proletariats[29]).

Das Programm nun hat es weder mit letzterer zu tun, noch mit dem zukünftigen Staatswesen der kommunistischen Gesellschaft.

Seine politischen Forderungen enthalten nichts außer der alten weltbekannten demokratischen Litanei: allgemeines Wahlrecht, direkte Gesetzgebung, Volksrecht, Volkswehr usw. Sie sind bloßes Echo der bürgerlichen Volkspartei, des Friedens- und Freiheitsbundes. Es sind lauter Forderungen,

---

[29]) Immer wieder muß daran erinnert werden, wie der einstige Marxist Karl Kautsky im Jahre 1922 diesen Satz von Marx „verbessert" hat. Kautsky schreibt („Die proletarische Revolution und ihr Programm" 1922, S. 196): „Zwischen der Zeit des rein bürgerlich und des rein proletarisch regierten demokratischen Staates liegt eine Periode der Umwandlung des einen in den anderen. Dem entspricht auch eine politische Uebergangsperiode, deren Regierung in der Regel eine Form der Koalitionsregierung bilden wird."

In seiner „Materialistischen Geschichtsauffassung" (1927 II. Bd. S. 469) wendet sich Kautsky gegen die Sozialisten, die gegen die Demokratie auftreten: „Diese Sozialisten entstammen meist ökonomisch rückständigen Ländern mit einem unentwickelten Proletariat." Es heißt dann weiter von ihnen: „Sie berufen sich auf das Wort von der Diktatur des Proletariats, das Marx einmal äußerte, aber nur gelegentlich." (Dieses „aber nur gelegentlich" ist kostbar! Es erinnert an die Entschuldigung des gefallenen Mädchens: das Kind sei aber doch nur ganz klein!) Natürlich stimmt es auch nicht, daß Marx von der Diktatur des Proletariats „nur gelegentlich" gesprochen hat, siehe darüber Lenin Staat und Revolution 1926 S. 32 f. dort die Stelle aus einem Brief an Weydemeyer.

die, soweit sie nicht in phantastischer Vorstellung übertrieben, bereits r e a l i s i e r t sind. Nur liegt der Staat, dem sie angehören, nicht innerhalb der deutschen Reichsgrenze, sondern in der Schweiz, den Vereinigten Staaten usw. Diese Sorte „Zukunftsstaat" ist heutiger Staat, obgleich außerhalb „des Rahmens" des deutschen Reichs existierender.

Aber man hat eins vergessen. Da die deutsche Arbeiterpartei ausdrücklich erklärt, sich innerhalb „des heutigen nationalen Staats", also i h r e s Staats, des preußisch-deutschen Reichs, zu bewegen — ihre Forderungen wären ja sonst auch größtenteils sinnlos, da man nur fordert, was man nicht hat —, so durfte sie die Hauptsache nicht vergessen, nämlich, daß alle jene schönen Sächelchen auf der Anerkennung der sogenannten Volkssouveränität beruhen, daß sie daher nur in einer d e m o kratischen Republik am Platze sind.

Da man [nicht in der Lage ist] (nicht den Mut hat) — und weislich, denn die Verhältnisse gebieten Vorsicht — die demokratische Republik zu verlangen, wie es die französischen Arbeiterprogramme unter Louis Philippe und unter Louis Napoleon taten — so hätte man auch nicht zu der (weder „ehrlichen", noch würdigen) Finte flüchten sollen, Dinge, die nur in einer demokratischen Republik Sinn haben, von einem Staat zu verlangen, der nichts anderes, als ein mit parlamentarischen Formen verbrämter, mit feudalem Beisatz vermischter, schon von der Bourgeoisie beeinflußter, bureaukratisch gezimmerter, polizeilich gehüteter Militärdespotismus ist (und diesem Staat obendrein noch zu beteuern, ob man ihm dergleichen mit „gesetzlichen Mitteln" aufdringen zu können wähnt!)

Daß man in der Tat unter „Staat" die Regierungsmaschine versteht oder den Staat, soweit er einen durch Teilung der Arbeit von der Gesellschaft besonderen, eignen Organismus bildet, zeigen schon die Worte: „die deutsche Arbeiterpartei verlangt als w i r t s c h a f t l i c h e G r u n d l a g e d e s S t a a t s : eine einzige progressive Einkommensteuer usw." Die Steuern sind die wirtschaftliche Grundlage der Regierungsmaschinerie und von sonst nichts. In dem in der Schweiz existierenden Zukunftsstaat ist diese Forderung ziemlich erfüllt. Einkommensteuer setzt die verschiedenen Einkommensquellen der verschiedenen gesellschaftlichen Klassen voraus, also die kapitalistische Gesellschaft. Es ist also nichts Auffälliges, daß die Financial-

Reformers von Liverpool[30]) — Bourgeois mit Gladstones Bruder an der Spitze — dieselbe Forderung stellen, wie das Programm.

b) „**Die deutsche Arbeiterpartei verlangt als geistige und sittliche Grundlage des Staats:**

1. Allgemeine und gleiche Volkserziehung durch **den Staat. Allgemeine Schulpflicht, unentgeltlicher Unterricht.**"

Gleiche Volkserziehung? Was bildet man sich unter diesen Worten ein? Glaubt man, daß in der heutigen Gesellschaft (und man hat nur mit der zu tun) die Erziehung für alle Klassen gleich sein kann? Oder verlangt man, daß auch die höheren Klassen zwangsweise auf das Modikum Erziehung — der Volksschule — reduziert werden sollen, das allein mit den ökonomischen Verhältnissen nicht nur der Lohnarbeiter, sondern auch der Bauern verträglich ist?

„Allgemeine Schulpflicht. Unentgeltlicher Unterricht." Die erste existiert selbst in Deutschland, der zweite in der Schweiz und den Vereinigten Staaten für Volksschulen. Wenn in einigen Staaten der letztere auch höhere Unterrichtsanstalten „unentgeltlich" sind, so heißt das faktisch nur den höheren Klassen ihre Erziehungskosten aus dem allgemeinen Steuersäckel bestreiten. Nebenbei gilt dasselbe von der unter A. 5 verlangten „unentgeltlichen Rechtspflege". Die Kriminaljustiz ist überall unentgeltlich zu haben; die Ziviljustiz dreht sich fast nur um Eigentumskonflikte, berührt also fast nur die besitzenden Klassen. Sollen sie auf Kosten des Volkssäckels ihre Prozesse führen?

Der Paragraph über die Schulen hätte wenigstens technische Schulen (theoretische und praktische) in Verbindung mit der Volksschule verlangen sollen.

Ganz verwerflich ist eine „**Volkserziehung durch den Staat**". Durch ein allgemeines Gesetz die Mittel der Volksschulen bestimmen, die Qualifizierung des Lehrerpersonals, die Unterrichtszweige usw., und, wie es in den Vereinigten Staaten geschieht, durch Staatsinspektoren die Erfüllung dieser gesetzlichen Vorschriften überwachen, ist etwas ganz anderes, als den Staat zum Volkserzieher zu ernennen! Vielmehr sind Regierung und Kirche gleichmäßig von jedem Einfluß auf die

---

[30]) Ein Kreis liberaler Bourgeois der Handelsstadt Liverpool.

Schule auszuschließen. Im preußisch-deutschen Reich nun gar (und man helfe sich nicht mit der faulen Ausflucht, daß man von einem „Zukunftsstaat" spricht; wir haben gesehen, welche Bewandtnis es damit hat) bedarf umgekehrt der Staat einer sehr rauhen Erziehung durch das Volk.

Doch das ganze Programm, trotz alles demokratischen Geklingels, ist durch und durch vom Untertanenglauben der Lassalleschen Sekte an den Staat verpestet, oder, was nicht besser, vom demokratischen Wunderglauben, oder vielmehr ist es ein Kompromiß zwischen diesen zwei Sorten, dem Sozialismus gleich fernen, Wunderglauben.

„F r e i h e i t d e r W i s s e n s c h a f t" lautet ein Paragraph der preußischen Verfassung ³¹). Warum also hier!

„G e w i s s e n s f r e i h e i t !" Wollte man zu dieser Zeit des Kulturkampfes ³²) dem Liberalismus seine alten Stichworte zu Gemüt führen, so konnte es doch nur in dieser Form geschehen: Jeder muß seine religiösen (wie seine leiblichen) [Bedürfnisse] verrichten können, ohne daß die Polizei ihre Nase hineinsteckt. Aber die Arbeiterpartei mußte doch bei dieser Gelegenheit ihr Bewußtsein darüber aussprechen, daß die bürgerliche „Gewissensfreiheit" nichts ist außer der Duldung aller möglichen Sorten r e l i g i ö s e r G e w i s s e n s f r e i h e i t, und daß sie vielmehr die Gewissen vom religiösen Spuk zu befreien strebt ³³). Man beliebt aber das „bürgerliche" Niveau nicht zu überschreiten.

Ich bin jetzt zu Ende gelangt, denn der nun im Programm folgende Anhang bildet keinen charakteristischen Bestandteil desselben. Ich habe mich daher hier ganz kurz zu fassen.

---

³¹) In der Reichsverfassung von 1919 heißt es: Artikel 118, 142: „Die Kunst, die Wissenschaft und ihre Lehre sind frei." „Jeder Deutsche hat das Recht, innerhalb der allgemeinen Gesetze seine Meinung durch Wort, Schrift, Druck, Bild oder in sonstiger Weise frei zu äußern."

³²) Kulturkampf: der Kampf des Reichskanzlers Bismarck gegen die 1871 entstandene (katholische) Zentrumspartei. (vgl. Mehring Deutsche Geschichte 1923 S. 209 f.)

³³) Es zeigt sich hier deutlich, daß sich der Marxismus nicht auf die bescheidene Forderung beschränkt, daß die Religion Privatsache sein soll. Diese Forderung erhebt er nur gegenüber dem bürgerlichen Staat. Für den ideologischen Kampf der Partei muß dagegen gelten, was Marx in den Randglossen ausspricht. (vgl. auch Engels in seiner Kritik des sozialdemokratischen Programmentwurfs 1891).

2. „Normalarbeitstag."

Die Arbeiterpartei keines anderen Landes hat sich auf solch unbestimmte Forderung beschränkt, sondern stets die Länge des Arbeitstages fixiert, die sie unter den gegebenen Umständen für normal hält.

3. „Beschränkung der Frauen- und Verbot der Kinderarbeit."

Die Normierung des Arbeitstages muß die Beschränkung der Frauenarbeit schon einschließen, soweit sie sich auf Dauer, Pausen usw. des Arbeitstages bezieht; sonst kann sie nur Ausschluß der Frauenarbeit aus Arbeitszweigen bedeuten, die speziell gesundheitswidrig für den weiblichen Körper oder für das weibliche Geschlecht sittenwidrig sind. Meinte man das, so mußte es gesagt werden.

„Verbot der Kinderarbeit!" Hier war absolut notwendig, die Altersgrenze anzugeben.

Allgemeines Verbot der Kinderarbeit ist unverträglich mit der Existenz der großen Industrie und daher leerer frommer Wunsch.

Durchführung desselben — wenn möglich — wäre reaktionär, da bei strenger Regelung der Arbeitszeit nach den verschiedenen Altersstufen und sonstigen Vorsichtsmaßregeln zum Schutz der Kinder, frühzeitige Verbindung produktiver Arbeit mit Unterricht eines der mächtigsten Umwandlungsmittel der heutigen Gesellschaft ist [34]).

4. „Staatliche Ueberwachung der Fabrik-, Werkstatt- und Hausindustrie."

Gegenüber dem preußisch-deutschen Staat war bestimmt zu verlangen, daß die Inspektoren nur gerichtlich absetzbar sind; daß jeder Arbeiter sie wegen Pflichtverletzung den Gerichten denunzieren kann; daß sie dem ärztlichen Stand angehören müssen.

5. „Regelung der Gefängnisarbeit."

Kleinliche Forderung in einem allgemeinen Arbeiterprogramm. Jedenfalls muß man klar aussprechen, daß man nicht aus Konkurrenzneid die gemeinen Verbrecher wie Vieh

---

[34]) Von Marx oft hervorgehoben, vgl. die Resolution über die Kinderarbeit auf dem Genfer Kongreß (1866) der Internationalen Arbeiter-Assoziation.

behandelt wissen und ihnen namentlich nicht ihr einziges Besserungsmittel, produktive Arbeit, abschneiden will. Das war doch das geringste, was man von Sozialisten erwarten durfte.

6. „Ein wirksames Haftgesetz."

Es war zu sagen, was man unter „wirksamem" Haftgesetz versteht.

Nebenbei bemerkt, hat man beim Normalarbeitstag den Teil der Fabrikgesetzgebung übersehen, der Gesundheitsmaßregeln und Schutzmittel gegen Gefahr usw. betrifft. Das Haftgesetz tritt erst in Wirkung, sobald diese Vorschriften verletzt werden. (Kurz, auch dieser Anhang zeichnete sich durch schlottrige Redaktion aus.)

Dixi et salvavi animam meam.[35])

---

[35]) „Ich habe gesprochen und meine Seele gerettet" (d. h. mich meiner Verantwortung entledigt).

II.
Friedrich Engels: Zum Gothaer Programmentwurf

a) Brief an August Bebel vom 28. März 1875

London, den 18./28. März 1875.

Lieber Bebel!

Ich habe Ihren Brief vom 23. Februar erhalten und freue mich, daß es Ihnen körperlich so gut geht.

Sie fragen mich, was wir von der Einigungsgeschichte halten? Leider ist es uns ganz gegangen wie Ihnen. Weder Liebknecht noch sonst jemand hat uns irgendwelche Mitteilung gemacht, und auch wir wissen daher nur, was in den Blättern steht, und da stand nichts, bis vor zirka acht Tagen der Programmentwurf kam. Der hat uns allerdings nicht wenig in Erstaunen gesetzt.

Unsere Partei hat so oft den Lassalleanern die Hand zur Versöhnung oder doch wenigstens zum Kartell geboten und war von den Hasenclever, Hasselmann und Tölckes so oft und so schnöde zurückgewiesen worden, daß daraus jedes Kind den Schluß ziehen mußte: wenn diese Herren jetzt selbst kommen und Versöhnung bieten, so müssen sie in einer verdammten Klemme sein. Bei dem wohlbekannten Charakter dieser Leute ist es aber unsere Schuldigkeit, diese Klemme zu benutzen, um uns alle und jede mögliche Garantien auszubedingen, damit nicht jene Leute auf Kosten unserer Partei in der öffentlichen Arbeitermeinung ihre erschütterte Stellung wieder befestigen. Man mußte sie äußerst kühl und mißtrauisch empfangen, die Vereinigung abhängig machen von dem Grade ihrer Bereitwilligkeit, ihre Sektenstichworte und ihre Staatshilfe fallen zu lassen und im wesentlichen das Eisenacher Programm von 1869 oder eine für den heutigen Zeitpunkt angemessene verbesserte Ausgabe desselben anzunehmen. Unsere Partei hätte von den Lassalleanern in theoretischer Beziehung, also in dem, was fürs Programm entscheidend ist, a b s o l u t n i c h t s z u l e r n e n, die Lassalleaner aber wohl von ihr; die erste Bedingung der Vereinigung war, daß sie aufhörten, Sektierer, Lassalleaner zu sein, daß sie also vor allem das Allerweltsheilmittel der Staatshilfe wo nicht ganz aufgaben, doch als eine untergeordnete Uebergangsmaßregel unter und neben vielen möglichen anderen anerkannten. Der Programmentwurf beweist, daß unsere Leute theoretisch den Lassalleanerführern hundertmal überlegen — ihnen an politischer Schlauheit ebensowenig gewachsen sind; die „Ehrlichen"¹) sind einmal wieder von den Nichtehrlichen grausam über den Löffel barbiert worden.²)

Zuerst nimmt man die großtönende, aber historisch falsche Lassallesche Phrase an: gegenüber der Arbeiterklasse seien alle anderen Klassen nur eine reaktionäre Masse. Dieser Satz ist nur in einzelnen Ausnahmefällen wahr, zum Beispiel in einer Revolution des Proletariats, wie die Kommune, oder in einem Land, wo nicht nur die Bourgeoisie Staat und Gesellschaft nach ihrem Bilde gestaltet hat, sondern auch schon nach ihr das demokratische Kleinbürgertum diese Umbildung bis auf ihre letzten Konsequenzen durchgeführt hat.³) Wenn zum Beispiel in

---

¹) Politischer Spitzname der „Sozialdemokratischen Arbeiterpartei" (Eisenacher) im Gegensatz zum „Allgemeinen Deutschen Arbeiterverein" (Lassalleaner).

²) Im April 1875 schrieb Bracke an Sorge über die Zustände in der deutschen Partei: „Hier haben wir die E i n i g k e i t, aber der Teufel hole die ganze Geschichte. Die Lassalleaner haben unsere Leute gehörig über den Löffel barbiert, und es wird schwer sein, den Standpunkt der Internationalen zu wahren. Auch in London (d. h. Marx und Engels) ist man sehr unzufrieden, daß Liebknecht, Geib, Motteler und andere ihre Zustimmung zu diesem Wischi-Waschi-Programm gaben." (Sorge-Briefwechsel S. 143.)

³) E n g e l s hat in einem Briefe an Bernstein vom 12. Juni 1883 (Bernstein, die Briefe von Fr. Engels an E. Bernstein 1925 S. 124) die falsche Taktik, die auf das Schlagwort von der „einen reaktionären Masse" aufgebaut wird, nochmals eingehend gekennzeichnet. Es heißt da: „Allerdings hört dabei (angesichts der Bismarckschen Politik) die meist nur für die Deklamation (oder aber für eine w i r k l i c h revolutionäre Lage) passende Phrase von der „einen reaktionären Masse" auf. Denn darin besteht ja gerade der für uns arbeitende historische Witz, daß die v e r s c h i e d e n e n Elemente dieser feudalen und Bürgermasse sich zu u n s e r e m Vorteil einander abarbeiten, krakehlen, auffressen, also gerade das Gegenteil einer einförmigen Masse bilden, von denen der Knote sich einbildet, er sei damit fertig, wenn er sie alle „reaktionär" nennt. Im Gegenteil, alle diese diversen Lumpenhunde müssen sich erst gegenseitig kaputt machen, total ruinieren und blamieren, und uns dadurch den Boden bereiten, daß sie ihre Unfähigkeit, eine Sorte nach der anderen beweisen. Das war einer der größten Fehler von Lassalle, daß er das bißchen Dialektik, das er aus Hegel gelernt, in der Agitation durchaus vergaß. Da sah er immer nur eine Seite, gerade wie Liebknecht, und da dieser aus

Deutschland das demokratische Kleinbürgertum zu dieser reaktionären Masse gehörte, wie konnte da die sozialdemokratische Arbeiterpartei jahrelang mit ihm, mit der Volkspartei, Hand in Hand gehen? Wie kann der „Volksstaat" fast seinen ganzen politischen Inhalt aus der kleinbürgerlich-demokratischen „Frankfurter Zeitung" nehmen? Und wie kann man nicht weniger als sieben Forderungen in dieses selbe Programm aufnehmen, die direkt und wörtlich übereinstimmen mit dem Programm der Volkspartei und kleinbürgerlichen Demokratie? Ich meine, die sieben politischen Forderungen 1 bis 5 und 1 bis 2, von denen keine einzige, die nicht b ü r g e r l i c h-demokratisch.

Zweitens wird das Prinzip der Internationalität der Arbeiterbewegung praktisch für die Gegenwart vollständig verleugnet, und das von den Leuten, die fünf Jahre lang und unter den schwierigsten Umständen dies Prinzip auf die ruhmvollste Weise hochgehalten.⁴) Die Stellung der deutschen Arbeiter an der Spitze der europäischen Bewegung beruht w e s e n t l i c h auf ihrer echt internationalen Haltung während des Krieges⁵); kein anderes Proletariat hätte sich so gut benommen. Und jetzt soll dieses Prinzip von ihnen verleugnet werden in dem Moment, wo überall im Ausland die Arbeiter es in demselben Maße betonen, in dem die Regierungen jeden Versuch seiner Betätigung in einer Organisation zu unterdrücken streben! Und was bleibt

---

Gründen zufällig die richtige sah, war er dem großen Lassalle schließlich doch überlegen. Das einzige Pech an der jetzigen deutschen Bourgeoisbewegung ist gerade, daß die Leute nur „eine reaktionäre Masse" bilden, und das muß aufhören. Wir können nicht vorankommen, bis wenigstens ein Teil der Bourgeoisie auf die Seite einer w i r k l i c h e n Bewegung gedrängt wird, — sei es durch innere oder äußere Ereignisse." In einem Brief, ebenfalls an Bernstein vom 23. November 1882 (Briefe an Bernstein S. 94) kritisiert Engels an einem Artikel Vollmars „die kindliche Vorstellung von der nächsten Revolution, die damit a n f a n g e n soll, daß „hie Wolf, hie Waibling" die ganze Welt sich in zwei Heere spaltet: wir hier, die ganze „einzige reaktionäre Masse" dort. Das heißt, die Revolution soll mit dem f ü n f t e n Akt anfangen, nicht mit dem ersten, in dem die Masse aller Oppositions-Parteien gegen die Regierung und deren Böcke zusammensteht und so siegt, worauf dann die einzelnen Parteien unter den Siegern sich eine nach der anderen abarbeiten, unmöglich machen, bis endlich dadurch die Masse des Volkes ganz auf unsere Seite gedrängt wird und dann die vielberühmte Vollmarsche Entscheidungsschlacht vor sich gehen kann." Aehnlich lautet eine Briefstelle von Engels vom 28. Oktober 1882, abgedruckt in Engels „Politisches Vermächtnis" S. 12 f.

⁴) D. h. seit Erlaß des Sozialistengesetzes 1878.
⁵) Der deutsch-französische Krieg 1870/71.

allein von Internationalismus der Arbeiterbewegung übrig? Die blasse Aussicht — nicht einmal auf ein späteres Zusammenwirken der europäischen Arbeiter zu ihrer Befreiung — nein auf eine künftige „internationale Völkerverbrüderung" — auf die „Vereinigten Staaten von Europa" der Bourgeois von der Friedensliga!

Es war natürlich gar nicht nötig, von der Internationale als solche zu sprechen. Aber das mindeste war doch, keinen Rückschritt gegen das Programm von 1869 zu tun und etwa zu sagen: o b g l e i c h die deutsche Arbeiterpartei z u n ä c h s t innerhalb der ihr gesetzten Staatsgrenzen wirkt (sie hat kein Recht, im Namen des europäischen Proletariats zu sprechen, besonders nicht etwas Falsches zu sagen), so ist sie sich ihrer Solidarität bewußt mit den Arbeitern aller Länder und wird stets bereit sein, wie bisher auch fernerhin die ihr durch diese Solidarität auferlegten Verpflichtungen zu erfüllen. Derartige Verpflichtungen bestehen auch ohne daß man gerade sich als Teil der „Internationale" proklamiert oder ansieht, zum Beispiel Hilfe, Abhalten von Zuzug bei Streiks, Sorge dafür, daß die Parteiorgane die deutschen Arbeiter von der ausländischen Bewegung unterrichtet halten, Agitation gegen drohende oder ausbrechende Kabinettskriege, Verhalten während solcher wie 1870 und 1871 mustergültig durchgeführt usw.

Drittens haben sich unsere Leute das Lassallesche „eherne Lohngesetz" aufoktroyieren lassen, das auf einer ganz veralteten ökonomischen Ansicht beruht, nämlich, daß der Arbeiter im Durchschnitt nur das Minimum des Arbeitslohnes erhält, und zwar deshalb, weil nach Malthusscher Bevölkerungstheorie immer zuviel Arbeiter da sind (dies war Lassalles Beweisführung). Nun hat Marx im „Kapital" ausführlich nachgewiesen, daß die Gesetze, die den Arbeitslohn regulieren, sehr kompliziert sind, daß je nach den Verhältnissen bald dieses, bald jenes vorwiegt, daß sie also keineswegs ehern, sondern im Gegenteil sehr elastisch sind, und daß die Sache gar nicht so mit ein paar Worten abzumachen ist, wie Lassalle sich einbildete. Die Malthussche Begründung des von Lassalle ihm und Ricardo (unter Verfälschung des letzteren) abgeschriebenen Gesetzes, wie sie sich z. B. „Arbeiterlesebuch", Seite 5, aus einer anderen Broschüre Lassalles zitiert findet, ist von Marx in dem Abschnitt über „Akkumulationsprozeß des Kapitals" ausführlich widerlegt.⁶) Man bekannte sich also durch Adoptierung des Lassalle-

---

⁶) S. M a r x' Kapital I. Bd. (Volksausgabe) S. 574 ff.

schen „ehernen Gesetzes" zu einem falschen Satz und einer falschen Begründung desselben.

Viertens stellt das Programm als **einzige soziale** Forderung auf — die Lassallesche Staatshilfe in ihrer nacktesten Gestalt, wie Lassalle sie von Buchez gestohlen hatte. Und das, nachdem Bracke diese Forderung sehr gut in ihrer ganzen Nichtigkeit aufgewiesen [7]; nachdem fast alle, wo nicht alle Redner unserer Partei im Kampfe mit den Lassalleanern genötigt gewesen sind, gegen diese „Staatshilfe" aufzutreten! Tiefer konnte unsere Partei sich nicht demütigen. Der Internationalismus heruntergekommen auf Amand Gögg, der Sozialismus auf den Bourgeoisrepublikaner Buchez, der diese Forderung **gegenüber den Sozialisten** stellte, um sie auszustechen!

Im besten Falle aber ist die „Staatshilfe" im Lassalleschen Sinne doch nur eine **einzige** Maßregel unter vielen anderen, um das Ziel zu erreichen, was hier mit den lahmen Worten bezeichnet wird: „um die Lösung der sozialen Frage anzubahnen", als ob es für uns noch eine theoretisch **ungelöste soziale Frage** gäbe! Wenn man also sagt: Die deutsche Arbeiterpartei erstrebt die Abschaffung der Lohnarbeit und damit der Klassenunterschiede vermittels Durchführung der genossenschaftlichen Produktion in Industrie und Ackerbau und auf nationalem Maßstab; sie tritt ein für jede Maßregel, welche geeignet ist, dieses Ziel zu erreichen! — so kann kein Lassalleaner etwas dagegen haben.

Fünftens ist von der Organisation der Arbeiterklasse als Klasse vermittels der Gewerksgenossenschaften gar keine Rede. Und das ist ein sehr wesentlicher Punkt, denn dies ist die eigentliche Klassenorganisation des Proletariats, in der es seine täglichen Kämpfe mit dem Kapital durchficht, in der es sich schult, und die heutzutage bei der schlimmsten Reaktion (wie jetzt in Paris) platterdings nicht mehr kaputt zu machen ist. Bei der Wichtigkeit, die diese Organisation auch in Deutschland erreicht, wäre es unserer Ansicht nach unbedingt notwendig, ihrer im Programm zu gedenken und ihr womöglich einen Platz in der Organisation der Partei offen zu lassen.[8]

Das alles haben unsere Leute den Lassalleanern zu Gefallen getan. Und was haben die anderen nachgegeben? Daß ein

---

[7] In einer Broschüre von Bracke „Der Lassallesche Vorschlag".

[8] Vgl. Materialien zur Gewerkschafts-Theorie von **Marx** und **Engels** (im Anhang unserer Ausgabe von Marx Lohn, Preis und Profit, Berlin 1926 2. Aufl. S. 68 ff.).

Haufen ziemlich verworrener **rein demokratischer Forderungen** im Programm figurieren, von denen manche reine Modesache sind, wie z. B. die „Gesetzgebung durch das Volk", die in der Schweiz besteht und mehr Schaden als Nutzen anrichtet, wenn sie überhaupt was anrichtet. **Verwaltung** durch das Volk, das wäre noch etwas. Ebenso fehlt die erste Bedingung aller Freiheit: daß alle Beamte für alle ihre Amtshandlungen jedem Bürger gegenüber vor den gewöhnlichen Gerichten und nach gemeinem Recht verantwortlich sind. Davon, daß solche Forderungen wie: Freiheit der Wissenschaft — Gewissensfreiheit, in jedem liberalen Bourgeoisprogramm figurieren und sich hier etwas befremdend ausnehmen, davon will ich weiter nicht sprechen.

Der freie Volksstaat ist in den freien Staat verwandelt. Grammatikalisch genommen ist ein freier Staat ein solcher, wo der Staat frei gegenüber seinen Bürgern ist, also ein Staat mit despotischer Regierung. Man sollte das ganze Gerede vom Staat fallen lassen, besonders seit der Kommune, die schon kein Staat im eigentlichen Sinne mehr war. Der „Volksstaat" ist uns von den Anarchisten bis zum Ueberdruß in die Zähne geworfen worden, obwohl schon die Schrift Marx' gegen Proudhon und nachher das Kommunistische Manifest direkt sagen, daß mit Einführung der sozialistischen Gesellschaftsordnung der Staat sich von selbst auflöst und verschwindet.[9]) Da nun der Staat doch nur eine vorübergehende Einrichtung ist, deren man sich im Kampfe, in der Revolution bedient, um seinen Gegner gewaltsam niederzuhalten, so ist es purer Unsinn, vom freien Volksstaat zu sprechen: solange das Proletariat den Staat noch **gebraucht**, gebraucht es ihn nicht im Interesse der Freiheit, sondern der Niederhaltung seiner Gegner, und sobald von der Freiheit die Rede sein kann, hört der Staat als solcher auf zu bestehen. Wir würden daher vorschlagen, überall statt Staat „Gemeinwesen" zu setzen, ein gutes altes deutsches Wort, das das französische „Kommune" sehr gut vertreten kann.

„Beseitigung aller sozialen und politischen Ungleichheit" ist auch eine sehr bedenkliche Phrase statt: „Aufhebung aller Klassenunterschiede". Von Land zu Land, von Provinz zu Provinz, von Ort zu Ort sogar wird immer eine **gewisse** Un-

---

[9]) Vgl. dazu die eingehende Behandlung, die dieser Brief von Engels in **Lenins** Staat und Revolution (1926 S. 61 ff.) gefunden hat. Engels spricht über „das Aufhören des Staates" auch in einem Brief an Bernstein vom 28. Januar 1884 (s. Bernstein, Briefe von Engels S. 137).

gleichheit der Lebensbedingungen bestehen, die man auf ein Minimum reduzieren, aber nie ganz beseitigen können wird. Alpenbewohner werden immer andere Lebensbedingungen haben als Leute des flachen Landes. Die Vorstellung der sozialistischen Gesellschaft als des Reiches der Gleichheit ist eine einseitige französische Vorstellung, anlehnend an das alte „Freiheit, Gleichheit, Brüderlichkeit", eine Vorstellung, die als E n t - w i c k l u n g s s t u f e ihrer Zeit und ihres Ortes berechtigt war, die aber, wie alle die Einseitigkeiten der früheren sozialistischen Schulen, jetzt überwunden sein sollten, da sie nur Verwirrung in den Köpfen anrichten, und präzisere Darstellungsweisen der Sache gefunden sind.

Ich höre auf, obwohl fast jedes Wort in diesem dabei saft- und kraftlos redigierten Programm zu kritisieren wäre. Es ist der Art, daß, falls es angenommen wird, Marx und ich uns n i e zu der auf dieser Grundlage errichteten n e u e n Partei bekennen können und uns sehr ernstlich werden überlegen müssen, welche Stellung wir — auch öffentlich — ihr gegenüber zu nehmen haben. Bedenken Sie, daß man u n s im Auslande für alle und jede Aeußerungen und Handlungen der deutschen sozialdemokratischen Arbeiterpartei verantwortlich macht. So Bakunin in seiner Schrift „Politik und Anarchie", wo wir einstehen müssen für jedes unüberlegte Wort, das Liebknecht seit Stiftung des „Demokratischen Wochenblattes" [10]) gesagt und geschrieben. Die Leute bilden sich eben ein, wir kommandierten von hier aus die ganze Geschichte, während Sie so gut wie ich wissen, daß wir uns fast nie im geringsten in die inneren Parteiangelegenheiten gemischt, und auch dann nur, um Böcke, die nach unserer Ansicht geschlossen worden, und zwar n u r t h e o - r e t i s c h e , wieder nach Möglichkeit gutzumachen. Sie werden aber selbst einsehen, daß dies Programm einen Wendepunkt bildet, der uns sehr leicht zwingen könnte, alle und jede Verantwortlichkeit mit der Partei, die es anerkennt, abzulehnen.

Im allgemeinen kommt es weniger auf das offizielle Programm einer Partei an, als auf das, was sie tut. Aber ein n e u e s Programm ist doch immer eine öffentlich aufgepflanzte Fahne, und die Außenwelt beurteilt danach die Partei. Es

---

[10]) Das „Demokratische Wochenblatt" ist 1867 von der „Sächsischen Volkspartei" in Leipzig begründet worden. Wilhelm Liebknecht übernahm ab 1. Jan. 1868 die Redaktion. Das Blatt wurde 1869 in den „Volksstaat" umgewandelt.

sollte daher keinesfalls einen Rückschritt enthalten, wie dies gegenüber dem Eisenacher. Man sollte doch auch bedenken, was die Arbeiter anderer Länder zu diesem Programm sagen werden: welchen Eindruck diese Kniebeugung des gesamten deutschen sozialen Proletariats vor dem Lassalleanismus machen wird.

Dabei bin ich überzeugt, daß eine Einigung auf d i e s e r Basis kein Jahr dauern wird. Die besten Köpfe unserer Parteien sollten sich dazu hergeben, auswendig gelernte Lassallesche Sätze vom ehernen Lohngesetz und der Staatshilfe abzuleiern? Ich möchte z. B. Sie dabei sehen! Und täten sie es, ihre Zuhörer würden sie auszischen. Und ich bin sicher, die Lassalleaner bestehen gerade auf d i e s e n Stücken des Programms wie der Jude Shylock auf seinem Pfund Fleisch. Die Trennung wird kommen; aber wir werden Hasselmann, Hasenclever und Tölcke und Konsorten wieder „ehrlich gemacht" haben; wir werden schwächer und die Lassalleaner stärker aus der Trennung hervorgehen; unsere Partei wird ihre politische Jungfernschaft verloren haben und wird nie wieder gegen Lassallephrasen, die sie eine Zeitlang selbst auf die Fahne geschrieben, herzhaft auftreten können, und wenn die Lassalleaner dann wieder sagen: sie seien die eigentlichste und einzige Arbeiterpartei, unsere Leute seien Bourgeois, so ist das Programm da, um es zu beweisen. Alle sozialistischen Maßregeln darin sind i h r e, und u n s e r e Partei hat nichts hineingesetzt als Forderungen der kleinbürgerlichen Demokratie, die a u c h v o n i h r in demselben Programm als Teil der „reaktionären Masse" bezeichnet ist!

Ich hatte diesen Brief liegen lassen, da Sie doch am 1. April zu Ehren von Bismarcks Geburtstag frei kommen und ich ihn nicht der Chance des Abfassens bei einem Schmuggelversuch aussetzen wollte. Da kommt gerade ein Brief von Bracke, der auch wegen des Programms seine schweren Bedenken hat und unsere Meinung wissen will. Ich schicke ihn daher zur Beförderung an ihn, damit er ihn lese und ich den ganzen Kram nicht noch einmal zu schreiben brauche. Uebrigens habe ich Ramm ebenfalls klaren Wein eingeschenkt, an Liebknecht schrieb ich nur kurz. Ich verzeihe ihm nicht, daß er uns von der ganzen Sache k e i n W o r t mitgeteilt (während Ramm und andere glaubten, er habe uns genau unterrichtet), bis es sozusagen zu spät war. Das hat er zwar von jeher so gemacht — und daher die viele unangenehme Korrespondenz, die wir,

Marx und ich, mit ihm hatten — aber diesmal ist es doch zu arg, und wir gehen entschieden nicht mit.

Sehen Sie, daß Sie es einrichten, im Sommer herzukommen, Sie wohnen natürlich bei mir, und wenn das Wetter gut, können wir ein paar Tage seebaden gehen, das wird Ihnen nach dem langen Brummen recht nützlich sein.

Freundlichst Ihr   F. E.

Marx ist eben ausgezogen, er wohnt 41 Maitland Park Grescent NW. London.

b) Brief an August Bebel vom 12. Oktober 1875

London, den 12. Oktober 1875.

Lieber Bebel!

Ihr Brief bestätigt ganz unsere Ansicht, daß die Einigung unsererseits übereilt ist und den Keim künftigen Zwiespalts in sich trägt. Wenn es gelingt, diesen Zwiespalt bis über die nächsten Reichstagswahlen hinauszuschieben, wäre es schon gut . . .

Das Programm, wie es jetzt ist, besteht aus drei Teilen:

1. Den Lassalleschen Sätzen und Stichworten, die aufgenommen zu haben eine Schmach unserer Partei bleibt. Wenn zwei Fraktionen sich über ein gemeinsames Programm einigen, so setzen sie das hinein, worüber sie einig und berühren nicht das, worüber sie uneinig sind. Die Lassallesche Staatshilfe stand zwar im Eisenacher Programm, aber als eine aus vielen Uebergangsmaßregeln, und nach allem, was ich gehört habe, war sie, ohne die Einigung, ziemlich sicher, im diesjährigen Kongreß auf Brackes Antrag an die Luft gesetzt zu werden. Jetzt figuriert sie als das eine unfehlbare und ausschließliche Heilmittel für alle sozialen Gebrechen. Das „eherne Lohngesetz" und andere Lassalleschen Phrasen sich aufoktroyieren zu lassen, war für unsere Partei eine kolossale moralische Niederlage. Sie bekehrte sich zum Lassalleschen Glaubensbekenntnis. Das ist nun einmal nicht wegzuleugnen. Dieser Teil des Programms ist das kaudinische Joch, unter dem unsere Partei zum größeren Ruhm des heiligen Lassalle durchgekrochen ist;

2. aus demokratischen Forderungen, die ganz im Sinn und im Stil der Volkspartei aufgesetzt sind;

3. aus Forderungen an den „h e u t i g e n Staat" (wobei man nicht weiß, an wen denn die übrigen „Forderungen" gestellt werden), die sehr konfus und unlogisch sind;

4. aus allgemeinen Sätzen, meist dem Kommunistischen Manifeste und den Statuten der Internationale entlehnt, die aber so umredigiert sind, daß sie entweder t o t a l F a l s c h e s enthalten oder aber r e i n e n B l ö d s i n n, wie Marx das in dem Ihnen bekannten Aufsatz im einzelnen nachgewiesen.

Das Ganze ist im höchsten Grade unordentlich, konfus, unzusammenhängend, unlogisch und blamabel.¹) Wenn unter der Bourgeoispresse ein einziger kritischer Kopf wäre, er hätte dies Programm Satz für Satz durchgenommen, jeden Satz auf seinen wirklichen Inhalt hin untersucht, den Unsinn recht handgreiflich auseinandergelegt, die Widersprüche und ökonomischen Schnitzer (z. B.: daß die Arbeitsmittel heute „Monopol der Kapitalistenklasse" sind, als ob es keine Grundbesitzer gäbe, das Gerede von „Befreiung der A r b e i t" statt der Arbeiterklasse, die Arbeit selbst ist heutzutage ja gerade v i e l z u f r e i !) entwickelt und unsere ganze Partei greulich lächerlich gemacht. Statt dessen haben die Esel von Bourgeoisblättern dies Programm ganz ernsthaft genommen, hineingelesen, was nicht darin steht und es kommunistisch gedeutet. Die Arbeiter scheinen dasselbe zu tun. Es ist d i e s e r U m s t a n d a l l e i n, der es Marx und mir möglich gemacht hat, uns nicht öffentlich von einem solchen Programm loszusagen. Solange unsere Gegner und ebenso die Arbeiter diesem Programm unsere Absichten unterschieben, ist es uns erlaubt, darüber zu schweigen.²)

Wenn Sie mit dem Resultat in der Personenfrage zufrieden sind, so müssen die Ansprüche auf unserer Seite ziemlich tief gesunken sein. Zwei von den Unseren und drei Lassalleaner! Also auch hier die Unseren nicht gleichberechtigte Alliierte, sondern Besiegte und von vornherein überstimmt. Die Aktion des Ausschusses, soweit wir sie kennen, ist auch nicht erbaulich:

---

¹) In einem Brief an J. Ph. Becker vom 11. Jan. 1878 spricht Engels von dem Gothaer Programm als von dem „bei der Einigung in Deutschland verschwabbelten Programm". (Engels, Vergessene Briefe, Seite 21.)

²) Von der im Brief von Marx an Bracke (vom 5. Mai 1875) angedrohten Veröffentlichung einer Erklärung gegen das Programm haben Marx und Engels Abstand genommen.

1. Beschluß, Brackes und B. Beckers zwei Schriften über Lassallesches **nicht** auf die Parteischriftenliste zu setzen; wenn dies zurückgenommen, so ist es nicht die Schuld des Ausschusses und auch nicht Liebknechts; 2. Verbot an Vahlteich, die ihm von Sonnemann angetragene Korrespondenz für die „Frankfurter Zeitung" anzunehmen. Dies hat Sonnemann dem durchreisenden Marx selbst erzählt. Was mich noch mehr dabei wundert als die Arroganz des Ausschusses und die Bereitwilligkeit, womit Vahlteich sich gefügt hat, statt dem Ausschuß etwas zu pfeifen, ist die kolossale Dummheit dieses Beschlusses. Der Ausschuß sollte doch lieber dafür sorgen, daß ein Blatt, wie die „Frankfurter", von allen Orten aus **nur** durch unsere Leute bedient wird.

. . . Daß die ganze Sache ein Erziehungsexperiment ist, das auch unter diesen Umständen einen sehr günstigen Erfolg verspricht, darin haben Sie ganz recht. Die Einigung als solche ist ein großer Erfolg, wenn sie sich zwei Jahre hält. Aber sie war unzweifelhaft weit billiger zu haben.   F. E.

c) Brief an Bracke
(S. „Die Gesellschaft", Berlin, August 1927, S. 169—171)

London, 11. Oktober 1875.

Lieber Bracke!

Ich habe die Antwort auf Ihre letzten Briefe, den letzten vom 28. Juni, bisher verzögert, einerseits weil Marx und ich sechs Wochen nicht beieinander waren — er in Karlsbad und ich an der See, wo ich den „Volksstaat" nicht sah — und dann, weil ich ein wenig abwarten wollte, wie sich die neue Einigung und der kombinierte Ausschuß in der Praxis verhalten.

Wir sind nicht ganz Ihrer Ansicht, daß Liebknecht durch seinen Eifer die Einigung zu erreichen, **jeden** Preis für sie zu zahlen, die ganze Sache verfahren hat. Man brauchte dies für nötig halten, brauchte es aber dem anderen Kontrahenten nicht zu sagen oder zu zeigen. Nachher muß dann ein Fehler immer den anderen rechtfertigen. Nachdem der Einigungskongreß einmal auf fauler Grundlage ins Werk gesetzt und ausposaunt war, durfte er um keinen Preis scheitern, und so mußte man von neuem in wesentlichen Punkten klein beigeben. Sie haben ganz recht: diese Einigung trägt den Keim der Spaltung in sich, und ich will froh sein, wenn dann **nur** die unheilbaren Fanatiker abfallen, nicht aber ein ganzer sonst tüchtiger und unter guter Schulung brauchbar zu machender Schwanz. Das wird abhängen von der Zeit, wann, und von den Umständen, unter denen das Unvermeidliche eintritt.

Das Programm in seiner schriftlichen Redaktion besteht aus drei Bestandteilen:

1. Den Lasalleschen Phrasen und Stichwörtern, die unter keiner Bedingung angenommen werden durften. Wenn zwei Fraktionen sich einigen, so setzt man ins Programm, worüber man einig, nicht das, was streitig ist. Indem unsere Leute dies dennoch zuließen, gingen sie freiwillig durchs kaudinische Joch.

2. Eine Reihe vulgär demokratischer Forderungen, im Geist und im Stil der Volkspartei aufgesetzt.

3. Eine Anzahl kommunistisch sein sollender Sätze, meist dem Manifest entlehnt, aber so umredigiert, daß sie bei Lichte betrachtet, samt und sonders haarsträubenden Blödsinn enthalten. Wenn man diese Sachen nicht versteht, so soll man die Finger davon lassen oder aber sie wörtlich abschreiben von denen, die zugegebenermaßen die Sache verstehen.

Glücklicherweise ist es dem Programm besser gegangen als es verdient. Arbeiter, wie Bourgeois und Kleinbürger, lesen das hinein, was eigentlich drin stehen sollte, aber nicht was drin steht, und von keiner Seite ist es jemandem eingefallen, öffentlich einen dieser wunderbaren Sätze auf seinen wirklichen Inhalt hin zu untersuchen. Das hat es uns möglich gemacht, zu diesem Programm zu schweigen. Es kommt dazu, daß man diese Sätze in keine fremde Sprache übersetzen kann, ohne g e z w u n g e n zu sein, entweder endgültig verrücktes Zeug hinzuschreiben oder aber ihnen einen kommunistischen Sinn unterzuschieben, und letzteres tun soweit Freund und Feind. Ich selbst habe es tun müssen bei einer Ueberzetzung für unsere spanischen Freunde.

Was ich von der Tätigkeit des Ausschusses gesehen, ist soweit nicht erfreulich. Erstens das Vorgehen gegen Ihre und B. Beckers Schriften; nicht Schuld des Ausschusses, wenn es nicht durchdrang. Zweitens erzählte Sonnemann, den Marx bei der Durchreise sah, er habe Vahlteich eine Korrespondenz für die „Frankfurter Zeitung" angeboten, aber der Ausschuß habe Vahlteich die Annahme v e r b o t e n ! Das geht denn doch über die Zensur, und ich begreife nicht, wie Vahlteich sich nur so etwas verbieten lassen konnte. Dabei die Ungeschicklichkeit! Sie hätten eher dafür sorgen sollen, daß die „Frankfurter

Zeitung" überall in Deutschland von den Unseren bedient würde! Endlich scheint mir das Verfahren der Lassalleschen Mitglieder bei Gründung der Berliner Assoziationsdruckerei auch nicht sehr aufrichtig; nachdem bei der Leipziger Druckerei unsere Leute vertrauensselig den Ausschuß zum Aufsichtsrat ernannt, müssen die in Berlin erst dazu g e z w u n g e n werden. Doch kenne ich hier die Details nicht genau.

Es ist indes gut, daß der Ausschuß wenig Tätigkeit entfaltet und sich, wie C. Hirsch sagt, der dieser Tage hier war, darauf beschränkt, als Korrespondenz- und Auskunftsbureau zu vegetieren. Jedes lebhafte Einschreiten seinerseits würde die Krisis nur beschleunigen, und das scheinen die Leute zu fühlen.

Und welche Schwachheit, drei Lassalleaner und zwei von Unseren in den Ausschuß zu akzeptieren!

Alles in allem, scheint man noch mit einem, wenn auch starkem blauen Auge davonzukommen. Hoffen wir, daß es dabei bleibt und inzwischen die Propaganda unter den Lassalleanern ihre Wirkung tut. Wenn die Sache bis zu den nächsten Reichstagswahlen vorhält, kann's gut gehen. Aber da werden Stieber und Tessendorf ihr Bestes tun, und da wird auch die Zeit eintreten, wo man erst sehen wird, w a s man an Hasselmann und Hasenclever übernommen hat.

Marx ist von Karlsbad ganz verändert zurückgekommen, kräftig, frisch, munter und gesund, und kann sich nun bald wieder ernstlich an die Arbeit setzen. Er und ich grüßen Sie herzlich. Lassen Sie wieder gelegentlich von sich hören, wie es mit der Geschichte geht. Die Leipziger sind alle zu tief dabei interessiert, als daß sie uns klaren Wein einschenken sollten, und die i n n e r e Parteigeschichte kommt gerade jetzt erst recht nicht an die Oeffentlichkeit.

    Aufrichtigst   Ihr F. E.

III.
Friedrich Engels:
Zur Kritik des sozialdemokratischen Programmentwurfes 1891

a) Aus einem Brief von Engels an Kautsky vom 29. Juni 1891.

„Ich habe mich auf ein paar Tage hieher zu P. gerettet, es wurde zu arg mit den auf mich einstürmenden Arbeiten. Eben saß ich glücklich und vergnügt in der Gruppenehe, da kam das Parteiprogramm mir auf den Pelz, und das mußte vorgenommen werden. Ich wollte erst versuchen, die Einleitungserwägungen etwas straffer zu fassen, kam aber aus Zeitmangel nicht dazu, auch schien es mir wichtiger, die teils vermeidlichen, teils unvermeidlichen Mängel des politischen Teiles auseinanderzusetzen, da ich dabei Gelegenheit fand, auf den friedfertigen Opportunismus ... und das frisch-fromm-fröhlich-freie „Hineinwachsen" der alten Sauerei „in die sozialistische Gesellschaft" loszuhauen. Inzwischen höre ich, daß Du ihnen eine neue Einleitung vorgeschlagen, um so besser." [1)]

(Neue Zeit XX¹ S. 5)

b) Engels
Zur Kritik des sozialdemokratischen Programmentwurfes 1891.
(Neue Zeit XX¹ (1901) S. 5—13)

Der jetzige Entwurf unterscheidet sich sehr vorteilhaft vom bisherigen Programm. Die starken Ueberreste von überlebter Tradition — spezifisch lassallischer wie vulgär-sozialistischer — sind im wesentlichen beseitigt, der Entwurf steht nach seiner theoretischen Seite im Ganzen auf dem Boden der heutigen Wissenschaft und läßt sich von diesem Boden aus diskutieren.

[1)] Auf dem Erfurter Parteitag 1891 ist denn auch statt des von Engels kritisierten Programmentwurfs des Parteivorstandes (er ist in der „Neuen Zeit" abgedruckt) der Programmvorschlag von K. Kautsky angenommen worden. Siehe Engels an Sorge 24. Oktober 1891 „Der Programmentwurf von Kautsky, von Bebel und mir unterstützt, ist zur G r u n d l a g e des Programms, theoretischer Teil, genommen worden. Wir haben die Satisfaktion, daß die Marxsche Kritik komplett durchgeschlagen hat." (Sorge-Briefwechsel S. 370.)

Er zerfällt in drei Abschnitte: 1. Erwägungsgründe, 2. politische Forderungen, 3. Arbeiterschutzforderungen.

I. Erwägungsgründe in zehn Absätzen.

Im allgemeinen leiden diese an dem Versuch, zwei unvereinbare Dinge zu vereinigen: sowohl Programm wie K o m m e n t a r zum Programm zu sein. Man fürchtet, nicht deutlich genug zu sein, wenn man kurz und schlagend ist, setzt deshalb Erläuterungen hinein, die die Sache breit und schleppend machen. Nach meiner Ansicht hat das Programm so kurz und präzis als möglich zu sein. Selbst wenn auch einmal ein Fremdwort oder ein nicht auf den ersten Blick in seiner ganzen Tragweite zu erfassender Satz vorkommt, schadet das nichts. Der mündliche Vortrag in den Versammlungen, die schriftliche Erklärung in der Presse tut da alles Nötige, und der kurze, prägnante Satz befestigt sich dann, einmal verstanden, im Gedächtnis, wird Schlagwort, und das passiert der breiteren Auseinandersetzung nie. Man opfere der Rücksicht auf Popularität nicht zu viel, man unterschätze nicht die geistige Begabung und Bildungsstufe unserer Arbeiter. Sie haben weit schwerere Dinge verstanden, als das kürzeste, knappste Programm ihnen bieten kann; und wenn die sozialistengesetzliche Zeit auch die volle Durchbildung der neuhinzugekommenen Massen erschwert und stellenweise verhindert hat — unter Leitung der alten wird das bald nachgeholt, jetzt, wo unsere Propagandaschriften wieder ungestört aufbewahrt und gelesen werden können.

Ich will versuchen, diesen ganzen Passus etwas kürzer zu fassen, und wenn es mir gelingt, ihn beilegen oder nachschicken und gehe nun an die einzelnen, von 1 bis 10 numerierten Absätze. In Beilage I sind meine Vorschläge in den Entwurf gesetzt.*)

Absatz 1. „Die Trennung" „Bergwerke, Gruben, Minen" — drei Worte für eine Sache; zwei sollten fallen. Ich würde Bergwerke stehen lassen, die ja bei uns auch in der plattesten Ebene so heißen und alles mit dem gebräuchlichen Ausdruck bezeichnen. Dagegen würde ich hinzufügen: „Eisenbahnen und andere Verkehrsmittel." **)

---

*) Diese Beilage ist leider nicht mehr aufzufinden. (Anmerkung der Redaktion der „Neuen Zeit".)

**) Wir fügen hier die Fassung bei, die der betreffende Absatz in dem wenige Tage nach dem Eintreffen des Gutachtens veröffentlichten

Absatz 2. Hier würde ich setzen: „In den Händen **i h r e r A n e i g n e r** (oder ihrer Besitzer) sind die gesellschaftlichen Arbeitsmittel", und ebenso nachher „Abhängigkeit . . . von den Besitzern (oder Aneignern) der Arbeitsmittel" usw.

Daß die Herren sich jene Dinge als „Alleinbesitz" angeeignet, ist schon ad 1 gesagt und kann hier nur wiederholt werden, wenn man platterdings darauf besteht, das Wort „Monopolisten" hineinzubringen. Weder das eine noch das andere Wort fügt dem Sinne das Geringste zu. Was aber in einem Programm überflüssig, das schwächt ab.

„Die für den **B e s t a n d** der Gesellschaft **n ö t i g e n** Arbeitsmittel": das sind immer die gerade vorhandenen. Vor der Dampfmaschine wurde man ohne sie fertig, jetzt könnte man's nicht mehr. Da heutzutage die sämtlichen Arbeitsmittel direkt oder indirekt — entweder ihrer Konstruktion nach oder vermittelst der gesellschaftlichen Teilung der Arbeit — **g e s e l l s c h a f t l i c h e A r b e i t s** mittel sind, so drücken diese beiden Worte das in jedem Moment Vorhandene hinreichend aus, richtig und ohne schiefe Nebenbedeutung.

Wenn sich der Schluß an die Erwägungsgründe der internationalen Statuten[2]) anschließt, so würde ich vorziehen, daß dies ganz geschieht: „dem gesellschaftlichen Elend (dies ist Nr. 1), der geistigen Verkümmerung und der politischen Abhängigkeit". Die physische Verkümmerung ist im gesellschaftlichen Elend eingeschlossen, und die politische **A b h ä n g i g - k e i t** ist eine Tatsache, während die politische **R e c h t l o s i g - k e i t** eine deklamatorische Phrase von nur **r e l a t i v e r** Gültigkeit ist, dergleichen nicht in ein Programm gehört.*)

Entwurf des Parteivorstandes gefunden; man kann daraus ersehen, inwieweit darin die Engels'schen Vorschläge Berücksichtigung gefunden. Der Absatz lautet: „Die Trennung des Arbeiters von den Arbeitsmitteln — Grund und Boden, Bergwerke, Gruben, Maschinen und Werkzeuge, Verkehrsmittel — und deren Uebergang in den Alleinbesitz eines Teiles der Gesellschaftsmitglieder hat zur Spaltung der Gesellschaft in zwei Klassen, die arbeitende und die besitzende, geführt." (Die mit „Sternen" gekennzeichneten Anmerkungen sind dem Abdruck in der „Neuen Zeit" entnommen.)

[2]) Engels meint die Statuten der Internationalen Arbeiterassoziation (1864 resp. 1866), siehe Anhang.

*) Absatz 2 bekam folgende Fassung: „In den Händen ihrer Aneigner sind die gesellschaftlichen Arbeitsmittel zu Mitteln der Ausbeutung geworden. Die hierdurch bedingte ökonomische Unterwerfung der Arbeiter unter die Besitzer der Arbeitsmittel, das heißt

Absatz 3. Der erste Satz muß nach meiner Ansicht geändert werden. „Unter der **Herrschaft der Alleinbesitzer**." Erstens ist das, was folgt, eine ökonomische Tatsache, die ökonomisch zu erklären ist. Der Ausdruck **Herrschaft der Alleinbesizer** bringt aber den falschen Schein hinein, als habe die **politische** Herrschaft jener Räuberbande das verursacht. Zweitens gehören zu diesen Alleinbesitzern nicht nur „Kapitalisten und Großgrundbesitzer" (was sollen die Bourgeois dahinter? Sind sie eine dritte Klasse von Alleinbesitzern? Sind die Großgrundbesitzer auch „Bourgeois"? Sollen, wenn von Großgrundbesitzern einmal die Rede ist, dann die kolossalen Reste von Feudalismus ignoriert werden, die unserer ganzen politischen Sauerei in Deutschland ihr spezifisch reaktionäres Gepräge geben?). Auch **Bauern** und **Kleinbürger** sind „Alleinbesitzer", wenigstens noch heute; sie figurieren aber im ganzen Programm nicht, und deshalb muß sich so ausgedrückt werden, daß sie überhaupt nicht eingeschlossen sind in die Sorte von Alleinbesitzern, von denen man spricht.

„Die Anhäufung der Arbeitsmittel und des durch die Ausgebeuteten erzeugten Reichtums." „Der Reichtum" besteht aus 1. Arbeitsmitteln, 2. Lebensmitteln. Es ist also ungrammatisch und unlogisch, erst von einem **Teile** des Reichtums zu sprechen und dann nicht von dem anderen Teile, sondern von Gesamtreichtum, und beide zu verbinden durch **und**.

„Nimmt ... in den Händen der **Kapitalisten** mit wachsender Geschwindigkeit zu." Wo bleiben da die „Großgrundbesitzer" und die „Bourgeois" von oben? Genügen die Kapitalisten hier, so sollten sie auch oben genügt haben. Geht man aber ins Einzelne, so genügen sie überhaupt nicht.

„Immer größer wird die Zahl und **das Elend** der Proletarier." Dies ist nicht richtig, so absolut gesagt. Die Organisation der Arbeiter, ihr stets wachsender Widerstand wird dem Wachstum des **Elends** möglicherweise einen gewissen Damm entgegensetzen. Was aber sicher wächst, ist **die Unsicherheit der Existenz**. Das würde ich hineinsetzen.*)

---

der Lebensquellen, ist die Grundlage der Knechtschaft in jeder Gestalt, des gesellschaftlichen Elends, der geistigen Verkümmerung, der politischen Abhängigkeit."

*) Der Absatz 3 lautet in der definitiven Fassung des Vorstandes: „Unter der Herrschaft dieser Ausbeutung nimmt die Anhäufung des durch die Ausgebeuteten erzeugten Reichtums in den Händen der Ausbeuter — der Kapitalisten und Großgrundbesitzer —

Absatz 4. „Die im Wesen der kapitalistischen Privatproduktion begründete Planlosigkeit" verdient starke Verbesserung. Ich kenne eine kapitalistische Produktion als Gesellschaftsform, als ökonomische Phase, eine kapitalistische P r i v a t produktion als eine innerhalb dieser Phase so oder so vorkommende Erscheinung. Was heißt denn kapitalistische Privatproduktion? Produktion durch den einzelnen Unternehmer, und die wird ja schon mehr und mehr Ausnahme. Kapitalistische Produktion durch A k t i e n g e s e l l s c h a f t e n ist schon keine P r i v a t produktion mehr, sondern Produktion für assoziierte Rechnung von Vielen. Und wenn wir von den A k t i e n g e s e l l s c h a f t e n übergehen zu den Trusts, die ganze Industriezweige beherrschen und monopolisieren, so hört da nicht nur die P r i v a t p r o d u k t i o n auf, sondern auch die P l a n l o s i g k e i t.³) Man streiche „P r i v a t", und der Satz kann allenfalls passieren.

„Den Ruin weiter Volksschichten", statt dieser deklamatorischen Phrase, die aussieht, als täte uns der Ruin von Bourgeois und Kleinbürgern noch leid, würde ich die einfache Tatsache erzählen: „die durch den Ruin der städtischen und ländlichen Mittelstände, der Kleinbürger und Kleinbauern, den Abgrund zwischen Besitzenden und Besitzlosen erweitern" (oder vertiefen).

Die beiden Schlußsätze sagen zweimal dasselbe. Ich gebe in der Beilage I einen Aenderungsvorschlag.*)

---

mit wachsender Geschwindigkeit zu. Immer ungleicher wird die Verteilung des Arbeitsproduktes zwischen Ausbeutern und Ausgebeuteten, immer größer die Zahl und immer unsicherer die Lebenslage der Proletarier, immer massenhafter die Armee der überschüssigen Arbeiter, immer schroffer der Klassengegensatz, immer erbitterter der Klassenkampf, welcher die moderne Gesellschaft in zwei feindliche Heerlager trennt und das gemeinsame Merkmal aller Industrieländer ist."
³) L e n i n sagt dazu in „Staat und Revolution", Seite 64: „Hier ist gerade das Grundlegende in der theoretischen Bewertung der neuesten Phase des Kapitalismus, d. h. des Imperialismus, nämlich die Tatsache, daß der Kapitalismus sich in einen monopolistischen Kapitalismus verwandelt, herausgegriffen."
*) Absatz 4 im Vorstandsentwurf: „Die im Wesen der kapitalistischen Produktion begründete Planlosigkeit erzeugt jene immer länger andauernden Krisen und Arbeitsstockungen, welche die Lage der Arbeiter noch verschlimmern, durch den Ruin der städtischen und ländlichen Mittelstände — der Kleinbürger und Kleinbauern — den Abgrund zwischen Besitzenden und Besitzlosen erweitern, die allgemeine Unsicherheit zum Normalzustand der Gesellschaft erheben und den Beweis liefern, daß die Klasse der Aneigner der gesellschaft-

Absatz 5. „der Ursachen" muß heißen „seiner Ursachen", was wohl nur Schreibfehler ist.*)

Absatz 6. „Bergwerke, Minen, Gruben", wie oben ad 1. Privatproduktion wie oben ad 4. Ich würde sagen: „Umwandlungen der gegenwärtigen kapitalistischen Produktion für Rechnung von Einzelnen oder Aktiengesellschaften in sozialistische Produktion für Rechnung der gesamten Gesellschaft und nach vorherbestimmtem Plane, eine Umwandlung etc. . . . schafft und durch welche allein die Befreiung der Arbeiterklasse und damit die Befreiung aller Gesellschaftsglieder ohne Ausnahme verwirklicht wird." **)

Absatz 7. Ich würde sagen wie in Beilage I. ***)

Absatz 8. Statt klassenbewußt, was zwar unter unseren Kreisen leicht verständliche Abkürzung, würde ich sagen im Interesse des allgemeinen Verständnisses und der Uebersetzung in fremde Sprachen: „mit den zum Bewußtsein ihrer Klassenlage durchdrungenen Arbeitern" oder Aehnliches.****)

---

lichen Arbeitsmittel den Beruf und die Fähigkeit zur wirtschaftlichen und politischen Führung verloren hat."

*) Absatz 5: „Diesem Zustand, der von Tag zu Tag unerträglicher wird, durch Beseitigung seiner Ursachen ein Ende zu machen und die Befreiung der Arbeiterklasse zu erringen, ist das Ziel und die Aufgabe der Arbeiterklasse."

**) Absatz 6: „Die Sozialdemokratische Partei Deutschlands erstrebt demgemäß die Umwandlung der Arbeitsmittel — Grund und Boden, Bergwerke, Gruben, Maschinen und Werkzeuge, Verkehrsmittel — in Gemeineigentum der Gesellschaft und die Umwandlung der kapitalistischen Produktion in sozialistische Produktion; eine Umwandlung, für welche die kapitalistische Gesellschaft selbst die materiellen und geistigen Bedingungen geschaffen hat und weiter schafft, und durch welche allein die Befreiung der Arbeiterklasse und mit ihr die Befreiung aller Gesellschaftsglieder ohne Ausnahme verwirklicht wird."

***) Absatz 7 ist verschoben worden. Im veröffentlichten Entwurf des Vorstandes ist der frühere Absatz 9 zum Absatz 7 geworden. Der als Absatz 8 veröffentlichte Absatz bildete im ersten, Engels vorliegenden Entwurf wohl den 7. Er lautet in seiner definitiven Fassung: „Die Befreiung der Arbeiterklasse kann nur das Werk der Arbeiterklasse selbst sein, weil alle übrigen Klassen und Parteien auf dem Boden des Kapitalismus stehen und trotz der Interessenstreitigkeiten unter sich doch die Erhaltung und Stärkung der Grundlagen der heutigen Gesellschaft zum gemeinsamen Ziele haben."

****) Der Absatz, im veröffentlichten Entwurf der 9., lautet: „Die Interessen der Arbeiterklasse sind in allen Ländern mit kapitalistischer Produktionsweise die gleichen; mit der Ausdehnung des Weltverkehrs und der Produktion für den Weltmarkt wird die Lage der Arbeiter

Absatz 9. Schlußsatz: „... setzt und damit die Macht der ökonomischen Ausbeutung und politischen Unterdrückung in Einer Hand vereinigt." *)

Absatz 10. Hinter „Klassenherrschaft" fehlt „und der Klassen selbst". Die Abschaffung der Klassen ist unsere Grundforderung, ohne die die Abschaffung der Klassenherrschaft ökonomisch ein Unding. Statt „für das gleiche Recht Aller" schlage ich vor: „für gleiche Rechte und gleiche P f l i c h t e n" Aller etc. D i e g l e i c h e n P f l i c h t e n sind für uns eine ganz besonders wesentliche Ergänzung der bürgerlich-demokratischen g l e i c h e n R e c h t e und nehmen ihnen den spezifisch bürgerlichen Sinn.

Den Schlußsatz: „In ihrem Kampfe ... geeignet sind", möchte ich lieber streichen. In seiner Unbestimmtheit: „welche die Lage des V o l k e s im Allgemeinen (wer ist das?) ... zu verbessern geeignet sind", kann er alles umfassen, Schutzzölle und Freihandel, Zünfte und Gewerbefreiheit, Bodenkredit, Tauschbanken, Impfzwang und Impfverbot, Alkoholismus und Antischnaps etc. Was er sagen s o l l, steht im Vordersatz schon drin, und daß, wenn man das Ganze will, man auch jedes einzelne Stück mitnimmt, braucht man doch nicht extra zu sagen, ich meine, das schwächt den Eindruck ab. Will man den Satz aber als Uebergang zu den Einzelforderungen, dann könnte man etwa sagen: „verficht die Sozialdemokratie alle Forderungen, w e l c h e s i e d i e s e m Z i e l e näher führen." („Maßregeln und Einrichtungen" als Wiederholung zu streichen) oder aber, was noch besser, man sagt geradezu, um was es sich handelt, daß man die versäumte Arbeit der Bourgeoisie nachholen muß; in dem Sinne habe ich einen Schlußsatz in Beilage I gesetzt, diesen halte ich für wichtig wegen meiner Bemerkungen

---

eines jeden Landes immer abhängiger von der Lage der Arbeiter in den anderen Ländern; die Befreiung der Arbeiterklasse ist daher nicht eine nationale, sondern eine soziale Aufgabe, an der die Arbeiter aller Kulturländer gleichmäßig beteiligt sind. In dieser Erkenntnis fühlt und erklärt die Sozialdemokratische Partei Deutschands sich eins mit den klassenbewußten Arbeitern aller übrigen Länder."

*) Dieser Absatz steht im Entwurf des Parteivorstandes an siebenter Stelle und lautet dort: „Die Sozialdemokratische Partei hat nichts gemein mit dem sogenannten Staatssozialismus, dem System der Verstaatlichung zu fiskalischen Zwecken, das den Staat an die Stelle des Privatunternehmers setzt und damit die Macht der ökonomischen Ausbeutung und der politischen Unterdrückung des Arbeiters in einer Hand vereinigt."

in folgendem Abschnitt und zur Motivierung meiner dort gemachten Vorschläge.*)

II. Politische Forderungen.

Die politischen Forderungen des Entwurfes haben einen großen Fehler. Das, was eigentlich gesagt werden sollte, **steht nicht drin**. Wenn alle diese zehn Forderungen bewilligt wären, so hätten wir zwar diverse Mittel mehr, um die politische Hauptsache durchzusetzen, aber keineswegs die Hauptsache selbst. Die Reichsverfassung ist in der Abmessung der dem Volke und seiner Vertretung überwiesenen Rechte ein purer Abklatsch der preußischen Verfassung von 1850, einer Verfassung, worin die äußerste Reaktion in Paragraphen gefaßt ist, worin die Regierung alle wirkliche Macht besitzt und die Kammern nicht einmal das Steuerverweigerungsrecht haben; einer Verfassung, die in der Konfliktzeit bewies, daß die Regierung mit ihr machen konnte, was sie wollte. Die Rechte des Reichstags sind genau dieselben, wie die der preußischen Kammer, und daher nannte Liebknecht diesen Reichstag das Feigenblatt des Absolutismus.*) Auf Grundlage eines Bundes zwischen Preußen, Reuß Greiz Schleiz Lobenstein, wovon das eine soviel Quadratmeilen hat als das andere Quadratzoll, auf solcher Grundlage die „Umwandlung aller Arbeitsmittel in Gemeineigentum" durchführen zu wollen, ist augenscheinlich sinnlos.

Daran zu tasten ist aber gefährlich. Und dennoch muß so oder so die Sache angegriffen werden. Wie nötig das ist, beweist gerade jetzt der in einem großen Teile der sozialdemokratischen Presse einreißende Opportunismus. Aus Furcht vor einer Erneuerung des Sozialistengesetzes, aus der Erinnerung an allerlei unter der Herrschaft jenes Gesetzes gefallenen voreiligen Aeußerungen soll jetzt auf einmal der gegenwärtige

---

*) Absatz 10: „Die Sozialdemokratische Partei kämpft nicht für neue Klassenprivilegien und Vorrechte, sondern für die Abschaffung der Klassenherrschaft und der Klassen selbst und für gleiche Rechte und gleiche Pflichten Aller ohne Unterschied des Geschlechtes und der Abstammung. In diesem Befreiungskampf verficht die Sozialdemokratie als die Verfechterin nicht bloß der Lohnarbeiter, sondern der Ausgebeuteten und Unterdrückten insgesamt, alle Forderungen, Maßregeln und Einrichtungen, welche die Lage des Volkes im allgemeinen und der Arbeiterklasse im besonderen zu verbessern geeignet sind."

*) Wilhelm Liebknecht in seiner ersten Reichstagsrede 1867 (siehe K. Eisner: W. Liebknecht 1906, Seite 53).

gesetzliche Zustand in Deutschland der Partei genügen können, alle ihre Forderungen auf friedlichem Wege durchzuführen. Man redet sich und der Partei vor, „die heutige Gesellschaft wachse in den Sozialismus hinein", ohne sich zu fragen, ob sie nicht damit ebenso notwendig aus ihrer alten Gesellschaftsverfassung hinauswachse, diese alte Hülle ebenso gewaltsam sprengen müsse wie der Krebs die seine, als ob sie in Deutschland nicht außerdem die Fesseln der noch halb absolutistischen und obendrein namenlos verworrenen politischen Ordnung zu sprengen habe. Man kann sich vorstellen, die alte Gesellschaft könne friedlich in die neue hineinwachsen in Ländern, wo die Volksvertretung alle Macht in sich konzentriert, wo man verfassungsmäßig tun kann, was man will, sobald man die Majorität des Volkes hinter sich hat; in demokratischen Republiken wie Frankreich und Amerika, in Monarchien wie England, wo die bevorstehende Abkaufung der Dynastie tagtäglich in der Presse besprochen wird und wo diese Dynastie gegen den Volkswillen ohnmächtig ist. Aber in Deutschland, wo die Regierung fast allmächtig und der Reichstag und alle anderen Vertretungskörper ohne wirkliche Macht, in Deutschland so etwas proklamieren und noch dazu ohne Not, heißt das Feigenblatt dem Absolutismus abnehmen und sich selbst vor die Blöße binden.

Eine solche Politik kann nur die eigene Partei auf die Dauer irreführen. Man schickt allgemeine, abstrakte politische Fragen in den Vordergrund und verdeckt dadurch die nächsten konkreten Fragen, die Fragen, die bei den ersten großen Ereignissen, bei der ersten politischen Krise sich selbst auf die Tagesordnung setzen. Was kann dabei herauskommen, als daß die Partei plötzlich im entscheidenden Moment ratlos ist, daß über die entscheidensten Punkte Unklarheit und Uneinigkeit herrscht, weil diese Punkte nie diskutiert worden sind. Soll es wieder gehen, wie seinerzeit mit den Schutzzöllen[5], die man damals für eine nur die Bourgeoisie angehende, die Arbeiter nicht im entferntesten berührende Frage erklärte, wo also jeder stimmen konnte, wie er wollte, während jetzt mehr als Einer ins entgegengesetzte Extrem verfällt und aus Gegensatz gegen die schutzzöllnerisch gewordenen Bourgeois die ökonomischen

---

[5] In der Frage der Schutzzölle entstand in der sozialdemokratischen Reichstagsfraktion — 9 Genossen waren in den Attentatswahlen 1878 gewählt worden — eine Spaltung. Genosse Kayser stimmte für höhere Eisenzölle (vgl. auch Engels Briefe an Bernstein, Seite 45).

Verdrehungen von Cobden und Bright neu auflegt und als reinsten Sozialismus predigt — das reinste Manchestertum?⁶)

Dies Vergessen der großen Hauptgesichtspunkte über den augenblicklichen Interessen des Tages, dies Ringen und Trachten nach dem Augenblickserfolg ohne Rücksicht auf die späteren Folgen, dies Preisgeben der Zukunft der Bewegung um der Gegenwart der Bewegung willen mag ehrlich gemeint sein, aber Opportunismus ist und bleibt es, und der „ehrliche" Opportunismus ist vielleicht der gefährlichste von allen. Welches sind nun diese kitzlichen, aber sehr wesentlichen Punkte?

Erstens. Wenn etwas feststeht, so ist es dies, daß unsere Partei und die Arbeiterklasse nur zur Herrschaft kommen kann unter der Form der demokratischen Republik. Diese ist sogar die spezifische Form für die Diktatur des Proletariats, wie schon die große französische Revolution gezeigt hat.⁷) Es ist doch undenkbar, daß unsere besten Leute unter einem Kaiser Minister werden sollten, wie Miquel.

Nun scheint es gesetzlich nicht anzugehen, daß man die Forderung der Republik direkt ins Programm setzt, obwohl das sogar unter Louis Philippe in Frankreich ebenso zulässig war wie jetzt in Italien. Aber das Faktum, daß man nicht einmal ein offen republikanisches Parteiprogramm in Deutschland aufstellen darf, beweist, wie kolossal die Illusion ist, als könnte man dort auf gemütlich friedlichem Wege die Republik einrichten, und nicht nur die Republik, sondern die kommunistische Gesellschaft.

Indes kann man an der Republik sich allenfalls vorbeidrücken. Was aber nach meiner Ansicht hinein sollte und hinein kann, das ist die Forderung der **Konzentration aller politischen Macht in den Händen der Volksvertretung**. Und das würde einstweilen genügen, wenn man nicht weiter gehen kann.

Zweitens. Die Rekonstitution Deutschlands. Einerseits muß die Kleinstaaterei beseitigt werden — man revolutioniere doch

---

⁶) Unter dem „Manchestertum" versteht man die englische Freihandelsbewegung in der ersten Hälfte des 19. Jahrhunderts. Die von Vertretern dieser Richtung gegründete Antikornzolliga hatte in Manchester ihren Hauptsitz. Zu den bekanntesten Wortführern dieser Richtung gehörten Cobden und Bright.

⁷) L e n i n sagt in „Staat und Revolution" (Seite 67) in bezug auf diese Stelle, „daß die demokratische Republik der nächste Zugang zur Diktatur des Proletariats ist".

die Gesellschaft, solange es bayerisch - württembergisches Reservatrecht gibt und die Karte von Thüringen zum Beispiel das gegenwärtige Jammerbild bildet. Andererseits muß Preußen aufhören zu existieren, muß in selbstverwaltende Provinzen aufgelöst werden, damit das spezifische Preußentum aufhört, auf Deutschland zu lasten. Kleinstaaterei, spezifisches Preußentum sind die beiden Seiten des Gegensatzes, worin Deutschland jetzt gefangen liegt und wo immer die eine Seite der anderen als Entschuldigung und Existenzgrund dienen muß. Was soll an die Stelle treten? Nach meiner Ansicht kann das Proletariat nur die Form der einen und unteilbaren Republik gebrauchen.[8]) Die Föderativrepublik ist auf dem Riesengebiet der Vereinigten Staaten jetzt noch im Ganzen eine Notwendigkeit, obgleich sie im Osten bereits ein Hindernis wird. Sie wäre ein Fortschritt in England, wo vier Nationen auf den beiden Inseln wohnen und trotz eines Parlamentes schon jetzt dreierlei Gesetzsysteme nebeneinander bestehen. Sie ist in der kleinen Schweiz schon längst ein Hindernis geworden, erträglich nur, weil die Schweiz sich damit begnügt, ein rein passives Glied des europäischen Staatensystems zu sein. Für Deutschland wäre die föderalistische Verschweizerung ein enormer Rückschritt. Zwei Punkte unterscheiden den Bundesstaat vom Einheitsstaat, daß jeder verbündete Einzelstaat, jeder Kanton seine eigene Zivil- und Kriminalgesetzgebung und Gerichtsverfassung hat, und dann, daß neben dem Volkshaus ein Staatenhaus besteht, worin jeder Kanton, groß oder klein, als solcher stimmt. Das erste haben wir glücklich überwunden und werden nicht so kindisch sein, es wieder einzuführen, und das zweite haben wir im Bundesrat und können es sehr gut entbehren, wie denn überhaupt unser „Bundesstaat" schon den Uebergang zum Einheitsstaat bildet. Und wir haben nicht die 1866 und 1870 gemachte Revolution von oben wieder rückgängig zu machen, sondern ihr die nötige Ergänzung und Verbesserung zu geben durch eine Bewegung von unten.

Also einheitliche Republik. Aber nicht im Sinne der heutigen französischen, die weiter nichts ist, als das 1798 begründete Kaiserreich ohne den Kaiser. Von 1792 bis 1798 besaß jedes französische Departement, jede Gemeinde vollständige Selbstverwaltung nach amerikanischem Muster, und das müssen wir auch haben. Wie die Selbstverwaltung einzurichten ist und

---

[8]) Vgl. Marx in der Ansprache an den Bund der Kommunisten (1850) — siehe Kommunistisches Manifest, Ausgabe 1927, Seite 69.

wie man ohne Bureaukratie fertig werden kann, das bewies uns Amerika und die erste französische Republik, und noch heute Australien, Kanada und die anderen englischen Kolonien. Und eine solche provinzielle und gemeindliche Selbstverwaltung ist weit freier als zum Beispiel der Schweizer Föderalismus, wo der Kanton zwar sehr unabhängig ist gegenüber dem Bund, aber auch gegenüber dem Bezirk und der Gemeinde. Die Kantonalregierungen ernennen Bezirksstatthalter und Präfekten, wovon man in den Ländern englischer Zunge nichts weiß, und die wir uns ebenso höflichst in Zukunft verbeten haben wollen, wie die preußischen Landräte und Regierungsräte.

Von allen diesen Sachen wird nicht viel ins Programm kommen dürfen. Ich erwähne sie auch hauptsächlich, um die Zustände in Deutschland zu kennzeichnen, wo so etwas zu sagen nicht angeht, und damit gleichzeitig die Selbsttäuschung, die solche Zustände auf gesetzlichem Wege in die kommunistische Gesellschaft überführen will. Und ferner, um dem Parteivorstand in Erinnerung zu bringen, daß es noch andere politische Fragen von Wichtigkeit gibt, als die direkte Gesetzgebung durch das Volk und die unentgeltliche Rechtspflege, ohne die wir am Ende auch vorankommen. Bei der allgemeinen Unsicherheit können diese Fragen von heute auf morgen brennend werden, und was dann, wenn wir sie nicht diskutiert, uns nicht darüber verständigt haben?

Was aber ins Programm kommen kann und was wenigstens indirekt als Andeutung des nicht Sagbaren dienen kann, ist die Forderung:

„Vollständige Selbstverwaltung in Provinz, Kreis und Gemeinde durch nach allgemeinem Stimmrecht gewählte Beamte. Abschaffung aller von Staats wegen ernannten Lokal- und Provinzialbehörden."

Ob es sonst noch möglich ist, in bezug auf die soeben diskutierten Punkte Programmforderungen zu formulieren, kann ich hier nicht so gut beurteilen als Ihr dort. Aber wünschenswert wäre es, daß diese Fragen innerhalb der Partei debattiert würden, ehe es zu spät ist.

1. Der Unterschied zwischen „Wahlrecht und Stimmrecht, respektive Wahlen und Abstimmungen" ist mir nicht ersichtlich Soll einer gemacht werden, wäre dies jedenfalls nicht deutlicher auszudrücken oder in einem den Entwurf begleitenden Kommentar zu erklären.

2. „Vorschlags- und Verwerfungsrecht des Volkes" für was? Für alle Gesetze oder Beschlüsse der Volksvertretung wäre hinzuzusetzen.

5. Vollständige Trennung von Kirche und Staat. Alle religiösen Gemeinschaften ohne Ausnahme werden vom Staate als Privatgenossenschaften behandelt.[e]) Sie verlieren jede Unterstützung aus öffentlichen Mitteln und jeden Einfluß auf die öffentlichen Schulen. (Man kann ihnen doch nicht verbieten, e i g e n e Schulen aus eigenen Mitteln zu gründen und dort ihren Blödsinn zu lehren!)

6. „Weltlichkeit der Schule" fällt dann weg, es gehört in den vorigen Paragraphen.

8. und 9. Hier möchte ich zu bedenken geben: Diese Punkte fordern Verstaatlichung 1. d e r A d v o k a t e n, 2. d e r A e r z t e, 3. d e r A p o t h e k e n, Z a h n ä r z t e, H e b a m m e n, K r a n k e n p f l e g e r etc. Ferner wird später die totale Verstaatlichung der Arbeiterversicherung gefordert. Ob das alles dem Herrn v. Caprivi anvertraut werden darf und ob das im Einklang steht mit der vorangegangenen Lossagung von allem Staatssozialismus?

10. Hier würde ich sagen: „Progressive ... Steuern für Bestreitung aller Ausgaben im Staate, Bezirk und Gemeinde, soweit Steuern dazu erforderlich. Abschaffung aller indirekten Staats- und Lokalsteuern, Zölle etc." Der Rest ist überflüssig und abschwächender Kommentar respektive Motivierung.

III. Oekonomische Forderungen.

ad 2. Nirgends mehr als in Deutschland bedarf das Koalitionsrecht auch einer Sicherstellung gegenüber dem Staate. Der Schlußsatz „zur Regelung" wäre als Artikel 4 zuzusetzen und in entsprechende Form zu bringen. Zu diesen wäre zu bemerken, daß wir mit Arbeitskammern von halb Arbeitern und halb Unternehmern geleimt wären. Auf Jahre hinaus werden da die Majoritäten stets auf Seiten der Unternehmer sein, wozu

---

[e]) Hier wird also ausdrücklich gefordert, daß die Religion „vom Staate" als Privatsache behandelt werde. Also weder für die Partei, noch für den einzelnen Parteigenossen kann Religion Privatsache sein (vgl. L e n i n „Ueber Religion", Berlin, Verlag für Literatur und Politik, 1926, Seite 7). Engels hat übrigens im Vorwort zum Bürgerkrieg (1891) ebenfalls verlangt, „daß dem Staate gegenüber die Religion bloße Privatsache sei".

ein schwarzes Schaf unter den Arbeitern genügt. Wird nicht ausgemacht, daß in Streitfällen **beide Hälften separat** Meinung abgeben, wäre es viel besser, eine Unternehmerkammer und **daneben eine unabhängige Arbeiterkammer zu haben.**

Ich möchte bitten, vor Torschluß nochmals das französische Programm[10]) zu vergleichen, wo gerade für Nr. III manches

---

[10]) Das französische Programm („Programm der Arbeiterpartei") war 1880 in seiner Einleitung von Marx entworfen. Diese Einleitung ist in unserer Ausgabe von Marx' „Lohnarbeit und Kapital" (Elementarbücher des Kommunismus, 1927, 2. Auflage, Seite 67 f.) neu abgedruckt worden. Die „unmittelbaren Forderungen" des französischen Programms lauten:

„**A. Politische Forderungen.**

1. Abschaffung aller Gesetze gegen die Presse, Vereine und Verbände und besonders des Gesetzes gegen den internationalen Zusammenschluß der Arbeiter. — Abschaffung des Arbeitsbuches, dieses herabwürdigenden Merkmals der Arbeiterklasse, sowie aller Gesetzesparagraphen, durch welche der Arbeiter gegenüber dem Arbeitgeber, die Frau gegenüber dem Manne, in eine untergeordnete Stellung gerät.
2. Streichung der Budgetausgaben für die Kirche und Rückgabe derjenigen Güter an den Staat, welche die „Tote Hand" genannt werden, Mobilien und Immobilien, welche den religiösen Körperschaften angehören (Verordnung der Kommune vom 2. April 1871), mit Einschluß von allem industriellen und kommerziellen Zubehör dieser Körperschaften.
3. Abschaffung der Staatsschuld.
4. Abschaffung der stehenden Heere und der allgemeinen Wehrpflicht.
5. Den Kommunen steht Selbstverwaltung und eigene Polizei zu.

B. Oekonomische Forderungen.

1. Ein wöchentlicher Ruhetag oder ein Gesetz, das den Arbeitgebern verbietet, mehr als sechs Tage von sieben arbeiten zu lassen. — Gesetzliche Beschränkung der täglichen Arbeitszeit auf 8 Stunden für die Erwachsenen. — Verbot der Beschäftigung von Kindern unter 14 Jahren in privaten Arbeitsstätten und eine Verkürzung des Arbeitstages auf sechs Stunden für die Altersstufe von 14 bis 18 Jahren.
2. Schutz der Lehrlinge in einer Form der Kontrolle durch die Arbeiterverbände.
3. Ein festgesetzter Mindestlohn, der jährlich entsprechend den örtlichen Lebensmittelpreisen durch eine statistische Arbeiterkommission bestimmt werden soll.
4. Ein Gesetz, welches den Arbeitgebern verbietet, ausländische Arbeiter zu Löhnen anzustellen, welche niedriger sind als die von den französischen Arbeitern geforderten.

besser scheint. Das spanische kann ich bei der Kürze der Zeit leider nicht heraussuchen, es ist auch in vieler Beziehung sehr gut.

---

5. Gleicher Arbeitslohn für beide Geschlechter bei gleicher Arbeitsleistung.
6. Erziehung und berufliche Ausbildung aller Kinder, die von der Gemeinschaft in Gestalt des Staates und der Kommune ihren Lebensunterhalt beziehen sollen.
7. Unterhaltung der Greise und Arbeitsunfähigen durch die Gemeinschaft.
8. Verbot jedweder Einmischung der Arbeitgeber in die Verwaltung der Arbeiterhilfskassen, Versicherungen usw., welche der ausschließlichen Leitung der Arbeiter anvertraut werden.
9. Haftung der Arbeitgeber bei Unglücksfällen durch Hinterlegung einer Kaution, welche der Arbeitgeber an die Arbeiterkassen zu zahlen hat und welche der Anzahl der im Betriebe beschäftigten Arbeiter und der Gefährdung durch die Art ihrer Tätigkeit angemessen sein muß.
10. Einspruchsrecht der Arbeiter gegen die besonderen Arbeitsordnungen der verschiedenen Arbeitsstätten. Verbot des von den Arbeitgebern angemaßten Rechtes, ihre Arbeiter mit irgendeiner Strafe in Gestalt von Geldbußen oder Lohnkürzungen zu belegen. (Dekret der Kommune vom 27. April 1871.)
11. Abschaffung aller Kontrakte, in denen öffentliches Eigentum anderen überlassen ist (wie bei Banken, Eisenbahnen, Bergwerken usf.) und Uebergabe aller staatlichen Arbeitsstätten an die darin beschäftigten Arbeiter.
12. Abschaffung aller indirekten Steuern und Umwandlung der direkten Steuern in eine progressive Steuer auf alle Einkommen über 3000 Franken. Verbot der Beerbung in indirekter Linie und jeder direkten Erbschaft im Betrage von über 20 000 Franken."

I.
ANHANG
Marx und Engels gegen sozialdemokratischen Opportunismus!

Vorbemerkung.

In folgendem sind eine Reihe von Briefstellen und Buchzitaten vereinigt, die erkennen lassen, wie Marx und Engels die Entwicklung der deutschen Partei überwacht haben. Es erscheint unnötig, dabei auf alle kleinen Einzelheiten (Personennamen usw.), einzugehen. Hier kommt es ja nur auf die g r u n d s ä t z l i c h e Beurteilung der Vorkommnisse an. Im übrigen verweisen wir zur Information über die verschiedenen Vorgänge in der Sozialdemokratie, die hier kritisch berührt werden, auf Mehrings Parteigeschichte (dort vor allem auf das V. und VI. Buch). Doch muß man sich dabei vor Augen halten, daß sich Mehring damals noch der sicheren Hoffnung hingab, die SPD würde über allen kleinbürgerlichen Reformismus endgültig triumphieren. Bei solchem Optimismus schätzt man auftauchende Krankheitssymptome in der Vergangenheit der Partei geringfügiger ein als nachdem man hat erleben müssen, wie diese schleichende Seuche zur tödlichen Katastrophe des August 1914 führte! Wir sind sicher, daß Mehring heutzutage — angesichts des Neo-Lassalleanismus in der SPD — auch die Lassalleschen Irrtümer schroffer verurteilen würde.

Die Kritik der opportunistischen Abweichungen in der SPD haben wir zur besseren Uebersicht unter einer Reihe Hauptrubriken gesammelt, wobei es natürlich unausbleiblich ist, daß sich die Zitate in ihrer Einordnung hin und wieder überschneiden.

Marx und Engels mußten die deutsche Partei ständig zwischen zwei gefährlichen Klippen hindurchlavieren: zwischen Abkapselung der Partei in einer Sekte und der Ueberschwemmung der Partei mit kleinbürgerlicher Ideologie [1]). Beide Ge-

---

[1]) In einem Brief an Engels vom 10. Oktober 1868 (Marx-Engels Briefwechsel Bd. 4 S. 98) schreibt M a r x, „daß Schweitzer sich noch

fahren sind um so größer, als jede sozialistische Bewegung unausbleiblich aus einer Sektenperiode hervorgehen muß und andererseits die Gewinnung auch kleinbürgerlicher Schichten eine wesentliche Voraussetzung für den Sieg des Proletariats ist.

a) Gegen Sektenbewegung!

1. Aus „Ein Komplott gegen die Internationale Arbeiter-Assoziation" (im Auftrage des Haager Kongresses verfaßter Bericht über das Treiben Bakunins und der „Allianz der sozialistischen Demokratie"). Geschrieben von Karl Marx 1873 (Braunschweig, Verlag von W. Bracke, 1874, S. 22 f.).

„Die erste Phase im Kampf des Proletariats gegen die Bourgeoisie ist durch die Sektenbewegung bezeichnet. Diese ist berechtigt zu einer Zeit, in der das Proletariat sich noch nicht hinreichend entwickelt hat, um als Klasse zu handeln. Vereinzelte Denker unterwerfen die sozialen Gegensätze einer Kritik und geben zugleich eine phantastische Lösung derselben, welche die Masse der Arbeiter nur für voll anzunehmen, zu verbreiten und praktisch ins Werk zu setzen braucht. Es liegt schon in der Natur dieser durch die Initiative Einzelner gebildeten Sekten, daß sie sich jeder wirklichen Tätigkeit der Politik, den Streiks, Gewerksgenossenschaften, mit einem Wort jeder Gesamtbewegung gegenüber fremd und abgeschlossen verhalten. Die Masse des Proletariats bleibt stets gegenüber ihrer Propaganda gleichgültig, ja selbst feindlich. Die Arbeiter von Paris und Lyon wollten ebensowenig von den Saint Simonisten, Fourieristen, Ikariern wissen, wie die englischen Chartisten und Trades-Unionisten von den Owenisten²).

Die Sekten, im Anfange Hebel der Bewegung, werden ein Hindernis, sowie diese sie überholt, sie werden dann reaktionär; Beweis dafür sind die Sekten in Frankreich und England und letzthin die Lassalleaner in Deutschland, welche, nachdem sie jahrelang die Organisation des Proletariats gehemmt, schließlich

---

nicht von der fixen Idee, „seine eigene Arbeiterbewegung" zu haben, lossagen kann, „daß aber andererseits Liebknecht nur durch Schweitzer gezwungen wurde, sich zu erinnern, daß eine von der kleinbürgerlich-demokratischen Bewegung unabhängige Arbeiterbewegung existiert".

²) Vergl. auch im Anhang zu Engels, Grundsätze des Kommunismus 1846 (Neuausgaben 1928 S. 41) die Polemik gegen die Fourieristen Die im Text genannten Ikarier sind die Anhänger des französischen Sozialisten Cabet, dessen Hauptwerk lautete: „Die Reise nach Ikarien."

einfache Polizeiwerkzeuge³) geworden sind. Kurz, sie stellen die Kindheit der Proletarierbewegung dar, wie die Astrologie und die Alchemie die Kindheit der Wissenschaft. Damit die Gründung der Internationalen zur Möglichkeit wurde, mußte das Proletariat diese Entwicklungsstufe überschritten haben. Gegenüber den phantastischen Sektenorganisationen ist die Internationale die wirkliche und streitende Organisation der Proletarierklasse in allen Ländern, verbunden unter sich in ihrem Kampfe gegen die Kapitalisten, die Grundeigentümer und ihre im Staate organisierte Klassenmacht."

2. Aus M a r x a n F. B o l t e. Brief vom 23. November 1871 (Sorge-Briefwechsel, S. 38):

„Die I n t e r n a t i o n a l e wurde gestiftet, um die wirkliche Organisation der Arbeiterklasse für den Kampf an die Stelle der sozialistischen oder halbsozialistischen Sekten zu setzen. Die ursprünglichen Statuten, wie die Inaugural-Adresse, zeigen dies auf den ersten Blick. Andererseits hätten die Internationalen sich nicht behaupten können, wenn der Gang der Geschichte nicht bereits das Sektenwesen zerschlagen gehabt hätte. Die Entwicklung des sozialistischen Sektenwesens und die der wirklichen Arbeiterbewegung stehen stets in umgekehrtem Verhältnis. Solange die Sekten berechtigt sind (historisch), ist die Arbeiterklasse noch unreif zu einer selbständigen geschichtlichen Bewegung. Sobald sie zu dieser Reife gelangt, sind alle Sekten wesentlich reaktionär. Indes wiederholte sich in der Geschichte der Internationalen, was die Geschichte überall zeigt. Das Veraltete sucht sich in der neugewonnenen Form wieder herzustellen und zu behaupten. Und die Geschichte der Internationalen war ein f o r t w ä h r e n d e r K a m p f d e s G e n e r a l r a t e s gegen die Sekten und Amateurversuche, die sich gegen die wirkliche Bewegung der Arbeiterklasse innerhalb der Internationalen selbst zu behaupten suchten."

3. Aus „M a r x a n S c h w e i t z e r" vom 13. Oktober 1868 (Neue Zeit, 15. Jahrgang, 1. Band, S. 8 f.):

„Lassalle gab von vornherein — wie jeder Mann, der behauptet, eine Panacee [Allheilmittel] für die Leiden der Masse

---

³) Die „Eisenacher" behaupteten, daß sich allerlei dunkle Existenzen in die Lassallesche Bewegung eingeschlichen hätten. Einen ähnlichen Vorwurf erhebt Engels in einem Briefe an Bernstein vom 20. Oktober 1882 (Engels Briefe an Bernstein S. 85 f.)

in der Tasche zu haben — seiner Agitation einen religiösen Sektencharakter. In der Tat, jede Sekte ist religiös. Er verleugnete ferner, eben weil Sektenstifter, allen natürlichen Zusammenhang mit der früheren Bewegung. Er fiel in den Fehler Proudhons, die reelle Basis seiner Agitation nicht aus den wirklichen Elementen der Klassenbewegung zu suchen, sondern letzterer nach einem gewissen doktrinärem Rezept ihren Verlauf vorschreiben zu wollen. Was ich hier post festum [hinterdrein] sage, habe ich größtenteils dem Lassalle vorhergesagt, als er 1862 nach London kam und mich aufforderte, mich mit ihm an die Spitze der neuen Bewegung zu stellen.

Sie selbst haben den Gegensatz zwischen Sektenbewegung und Klassenbewegung in eigener Person erfahren. Die Sekte sucht ihre raison d'être [Rechtfertigungsgrund ihres Seins] in ihrem point d'honneur [Ehrenpunkt], nicht in dem, was sie mit der Klassenbewegung g e m e i n hat, sondern in dem b e s o n d e r e n S c h i b o l e t h [Erkennungszeichen], das sie von ihr u n t e r s c h e i d e t. Als Sie daher zu Hamburg den Kongreß zur Trades Unions-Stiftung vorschlugen, konnten Sie den Sektenwiderstand nur niederschlagen, durch Drohung die Präsidentenwürde niederzulegen. Sie waren außerdem gezwungen, Ihre Person zu verdoppeln, zu erklären, das eine Mal als Sektenhaupt und das andere Mal als Organ der Klassenbewegung zu handeln.

Die Auflösung des ADA⁴) (Allgemeinen Deutschen Arbeitervereins) gab Ihnen den (historischen) Anlaß, einen großen Fortschritt zu vollziehen und zu erklären, zu beweisen, s'il le fallait [wenn nötig], daß nun ein neues Entwicklungsstadium eingetreten und der Augenblick für die Sektenbewegung reif sein, in die Klassenbewegung aufzugehen und allem „Anertum" ein Ende zu machen. Was den wahren Inhalt der Sekte betraf, würde sie ihn, wie alle früheren Arbeitersekten, als bereicherndes Element in die allgemeine Bewegung tragen. Statt dessen haben Sie in der Tat die Forderung an die Klassenbewegung gestellt, sich einer besonderen Sektenbewegung unterzuordnen. Ihre Nichtfreunde haben daraus geschlossen, daß Sie unter allen Umständen Ihre „eigene Arbeiterbewegung" konservieren wollen⁵)."

---

⁴) 1868 war die polizeiliche Auflösung in Leipzig erfolgt, in Berlin wurde er dann neu gegründet.

⁵) In seinem Brief an Bolte vom 23. November 1871 (Sorge-Briefwechsel S. 38) sagt M a r x zur Frage der Sekten: „In Deutschland —

4. Aus „Engels an Sorge" vom 12. Mai 1894 (Sorge-Briefwechsel, S. 412):

„Die Sozial Democratic Federation⁶) hier teilt mit Euern deutsch-amerikanischen Sozialisten die Auszeichnung, die einzigen Parteien zu sein, die es fertig gebracht haben, die Marxsche Theorie der Entwicklung auf eine starre Orthodoxie heruntergebracht zu haben, zu der die Arbeiter sich nicht aus ihrem eigenen Klassengefühl heraus emporarbeiten sollen, sondern die sie als Glaubensartikel sofort und ohne Entwicklung herunterzuwürgen haben⁷). Daher bleiben beide bloße Sekten und kommen, wie Hegel sagt, von nichts durch nichts zu nichts." (Vergl. auch Engels Brief an Sorge vom 10. November 1894, S. 414.)

b) Gegen Kleinbürgerei und Rechtsgefahren in der Partei!

1. Aus Marx an Sorge vom 19. Oktober 1877 (Sorge-Briefwechsel, S. 159):

„In Deutschland macht sich in unserer Partei, nicht so sehr unter den Massen, als unter den Führern (höherklassigen und „Arbeitern") ein fauler Geist geltend.

Der Kompromiß mit den Lassalleanern hat zu Kompromiß auch mit anderen Halbseiten geführt, in Berlin (siehe Most) mit Dühring und seinen „Bewunderern"¹), außerdem aber mit einer

---

die Lassalle-Clique. Ich habe selbst während zwei Jahren mit dem berüchtigten Schweitzer korrespondiert und ihm unwiderleglich nachgewiesen, daß Lassalles Organisation ist und als solche der von der Internationale angestrebten Organisation der wirklichen Arbeiterbewegung feindlich ist. Er hatte seinen „Grund", um nicht zu begreifen." Vergl. dazu auch das Schreiben des Generalrats (Marx) an den Föderalrat der romanischen Schweiz in Genf 1870, s. Marx' Briefe an Kugelmann (Neue Auflage, 1927, Seite 83).

⁶) Die von Hyndman 1882 begründete sozialdemokratische Partei in England.

⁷) Vergl. dazu die Ausführung im Kommunistischen Manifest (Neuauflage 1927 S. 36) gegen die Abkapselung der Kommunisten von den Proletariern überhaupt.

¹) Bebel berichtet über diese Zeit. (Aus meinem Leben, Bd. 2 S. 387): „Dühring war es gelungen, fast die gesamten Führer der Berliner Bewegung für seine Theorien einzunehmen." Engels ließ daher Anfang 1877 im Leipziger „Vorwärts" eine Reihe von Artikeln gegen diesen Vulgärökonomen und philosophischen Systemkrämer erscheinen; sie wurden dann 1878 zu dem berühmt gewordenen Buche „Herrn Eugen Dührings Umwälzung der Wissenschaft" zusammengefaßt. Es kennzeichnet den Stand der damaligen sozialdemokratischen Be-

ganzen Bande halbreifer Studiosen und überweiser Doktors, die dem Sozialismus eine „höhere ideale" Wendung geben wollen, das heißt, die materialistische Basis (die ernstes objektives Studium erheischt, wenn man auf ihr operieren will) zu ersetzen durch moderne Mythologie²), mit ihren Göttinnen der Gerechtigkeit, Freiheit und Gleichheit und fraternité. Herr Dr. Höchberg, der die „Zukunft" herausgibt³), ist ein Vertreter dieser Richtung und hat sich in die Partei „eingekauft" — ich unterstelle mit „den edelsten" Absichten, aber ich pfeife auf „Absichten". Etwas Miserableres wie sein Programm der „Zukunft" hat selten mit mehr „bescheidener Anmaßung" das Licht erblickt.

Die Arbeiter selbst, wenn sie wie Herr Most und Konsorten die Arbeit aufgeben und L i t e r a t e n v o n P r o f e s s i o n werden, stiften stets „theoretisch" Unheil an und sind stets bereit, sich an Wirrköpfe aus der angeblich „gelehrten" Kaste anzuschließen. Namentlich, was wir seit Jahrzehnten mit soviel Mühe und Arbeit aus den Köpfen der deutschen Arbeiter gefegt, und was selben das theoretische Uebergewicht (daher auch das praktische) über Franzosen und Engländer gab — der utopistische Sozialismus, das Phantasiegespiel über den künftigen Gesellschaftsbau —, grassiert wieder in einer viel nichtigeren Form, nicht zu vergleichen mit den großen französischen und englischen Utopisten, sondern mit — Weitling. Es ist

---

wegung, daß auf dem Kongreß in Gotha (im Mai 1877) Most eine Resolution einbringen konnte mit folgendem Wortlaut: „Der Kongreß erklärt, Artikel, wie beispielsweise die in den letzten Monaten von Engels gegen Dühring veröffentlichten Kritiken, die für die weitaus größte Mehrheit der Leser des „Vorwärts" völlig ohne Interesse oder gar höchst anstoßerregend sind, haben künftighin aus dem Zentralorgan fernzubleiben". (S. Bebel B. 2 S. 388.) Angenommen wurde dann ein Kompromißantrag Bebels, die Anti-Dühringartikel in einer wissenschaftlichen Revue abzudrucken. Vergl. auch die Briefe zwischen Engels und Marx vom 24. und 25. Mai 1876 (Marx—Engels-Briefwechsel Bd. 4 S. 374) über Most und Dühring und die G e f a h r e i n e r V e r f l a c h u n g s p r o p a g a n d a u n t e r d e r P a r t e i", auf die Marx durch wiederholte Zusendung von Arbeiterbriefen durch Liebknecht aufmerksam gemacht worden war. Ueber Most und Dühring siehe jetzt auch das Marx-Engels-Archiv, Band II, Seite 135 f.

²) Vergl. Marx an Engels vom 1. August 1877 (Briefwechsel Bd. 4, S. 405). Siehe auch Marx an Sorge vom 4. April 1874 (Sorge-Briefwechsel S. 137).

³) Erschien 1877 in Berlin als wissenschaftliche Revue des Sozialismus. Der Privatsekretär des Frankfurter Bankierssohn Höchberg war Eduard Bernstein.

natürlich, daß der Utopismus, der vor der Zeit des materialistisch-kritischen Sozialismus letzteren in nuce [im Keim] in sich barg, jetzt, wo er post festum kommt, nur noch albern sein kann, albern, fad, und von Grund aus reaktionär."

2. Aus Engels an Becker vom 8. September 1879 (Engels, Vergessene Briefe, S. 29):

„Man will ein offizielles Parteiorgan[4]) in Zürich gründen und die Leitung — unter oberer Kontrolle der Leipziger[5]) — in die Hände von Züricher Deutschen legen, von denen ich nicht sagen kann, daß sie mir Vertrauen einflößen. Wenigstens stehen in dem von Höchberg, der einer davon ist, herausgegebenen sozialwissenschaftlichen Jahrbuch ganz kuriose Dinge: Die Partei habe unrechterweise sich als eine **Arbeiterpartei** hingestellt, sich das **Sozialistengesetz**[6]) **durch unnötige Angriffe gegen die Bourgeoisie selbst zugezogen**, es handle sich nicht um Revolution, sondern um lange friedliche Entwicklung usw. Dieser feige Blödsinn ist natürlich Wasser auf Mosts[7]) Mühle, und er ist bei der Hand, ihn auszubeuten, wie Du aus den lezten Nummern der „Freiheit" siehst. Man hatte uns von Leipzig aus aufgefordert, mitzuarbeiten am neuen Organ, und wir hatten auch zugesagt; aber seitdem wir wissen, wer die nächste Leitung erhalten soll, haben wir wieder abgesagt, und seit diesem Jahrbuch hört vollends aller Verkehr mit den Leuten auf, die diesen Blödsinn und diese Arschkriecherei in die Partei einschmuggeln wollen, mit Höchberg und Genossen. Die Leipziger werden bald merken, was sie da für Bundesgenossen ergattert haben. Ueberhaupt wird es bald einmal Zeit, aufzutreten gegen die **philantropischen Groß- und Kleinbürger, Studenten und Doktoren**, die sich in die Deutsche Partei eindrängen und den **Klassenkampf** des Proletariats gegen seine Unterdrücker in eine allgemeine Menschenverbrüderungsanstalt **verwässern** wollen, und das in dem

---

[4]) der im Oktober 1879 begründete „Sozialdemokrat", der wegen dem Sozialistengesetz im Auslande erscheinen mußte.

[5]) Bebel und Liebknecht.

[6]) das am 21. Oktober 1878 in Kraft getreten war und Ende September 1890 ablief.

[7]) John („Hans") Most ging nach seiner Ausweisung aus Berlin nach London und gab dort 1879 die „Freiheit" heraus, gelangte aber immer mehr ins anarchistische Fahrwasser, so daß er 1880 aus der Sozialdemokratischen Partei ausgeschlossen werden mußte.

Augenblick, wo uns die Bourgeoisie, mit der man uns verbrüdern will, außer dem Gesetz erklärt, unsere Presse zerschlagen, unsere Versammlungen gesprengt, uns der Polizeiwillkür sans phrase [ohne viel Federlesen] ausgeliefert hat. Die deutschen Arbeiter werden diese Art Kampagne schwerlich mitmachen." [8])

3. Aus M a r x an S o r g e vom 19. September 1879 (Sorge-Briefwechsel, S. 164, f.):

„Engels schrieb an Bebel, daß w i r auch zurücktreten [9]), wie wir von Anfang an der „Zukunft" (Höchberg) und „Neuen Gesellschaft" (Wiede) unsere Mitarbeit versagt hatten. Diese Leute, theoretisch Null, praktisch unbrauchbar, wollen dem Sozialismus (den sie sich nach Universitätsrezepten zurecht gemacht), und namentlich der sozialdemokratischen Partei die Zähne ausbrechen, die Arbeiter aufklären, oder wie sie sagen, ihnen „Bildungselemente" durch ihre konfuse Halbwisserei zuführen, und vor allem die Partei in den Augen der Spießbürger respektabel machen. Es sind arme konterrevolutionäre Zungendrescher. — Well. [Gut so.] Das wöchentliche Organ erscheint nun (oder soll erscheinen) in Zürich, unter ihrer Aufsicht und Oberaufsicht der Leipziger. (Redakteur Vollmar.) — Unterdeß kam Höchberg her, um uns zu ködern. Er fand nur Engels vor, der ihm den tiefen Abgrund zwischen uns und ihm durch kritische Besprechung des von Höchberg (unter dem Pseudonym Dr. H. Richter) herausgegebenen Jahrbuchs klar machte. (Sieh Dir das e l e n d e Fabrikat an: Der Artikel, gezeichnet mit drei *** ist das Dreigestirn Höchberg-Bernstein-C. A. Schramm.) Aber auch der brave John Most in dem Kriechartikel über den Buchmacher Schäffle figuriert darin [10]). Etwas Blamableres für die Partei ist nie gedruckt worden. Wie wohl tat Bismarck, n i c h t s i c h , s o n d e r n u n s , daß er durch die erzwungene Stille in Deutschland diesen Leuten es möglich machte, sich deutlich hörbar zu machen.

Höchberg fiel wie aus den Wolken, als Engels ihm reinen Wein einschenkte; er ist ein „friedlicher" Entwicklungsmann

---

[8]) E n g e l s an Bernstein am 27. Februar 1883 (Briefe an Bernstein, Seite 115): „Wenn die Gebildeten und überhaupt aus bürgerlichen Kreisen stammenden Ankömmlinge nicht v o l l s t ä n d i g auf dem proletarischen Standpunkt stehen, sind sie reiner Verderb."

[9]) Von der Mitarbeit am neugegründeten Züricher „Sozialdemokrat".

[10]) Eine ausgedehnte Besprechung von Schäffles „Bau und Leben des sozialen Körpers", aus der Feder von John Most (Richters Jahrbuch, Seite 105 ff.).

und erwartet die proletarische Emanzipation eigentlich nur von „gebildeten Bourgeois", i. e. [das heißt] seinesgleichen. Liebknecht habe ihm doch gesagt, daß wir alle au fond [im Grund] doch übereinstimmten. Alle in Deutschland — i. e. alle Führer — teilten seine Ansicht usw. Liebknecht hat in der Tat, nachdem er den großen Bock in den Transaktionen mit den Lassalleanern geschossen, allen diesen Halbmenschen Tür und Tor geöffnet und malgré lui [ohne seinen Willen] eine Demoralisation in der Partei vorbereitet, die **nur** durch das Sozialistengesetz beseitigt werden konnte.

Sollte nun das „Wochenblatt" — das Parteiorgan — in der Tat, in der von Höchbergs „Jahrbuch" initiierten Weise **vorgehen**, so wären wir gezwungen, öffentlich gegen solche Verluderung der Partei und der Theorie aufzutreten! Engels hat ein Zirkular (Brief) an Bebel usw. abgefaßt (natürlich nur für **Privatzirkulation** unter den deutschen Parteiführern), worin unsere Ansicht ohne Rückhalt auseinandergesetzt wird. Die Herren sind also vorgewarnt und kennen uns auch genug, um zu wissen, daß es hier heißt: Biegen oder brechen! Wollen sie sich kompromittieren, tant pis [umso schlimmer]! **Uns zu kompromittieren wird ihnen in keinem Fall gestattet**."

4. Aus **Engels an Becker** vom 15. September 1879 (Engels, Vergessene Briefe, S. 31):

„Mit dem Züricher deutschen Parteiorgan wird die Sache immer schöner. Die Züricher Redaktionskommission, die unter Oberleitung der Leipziger das Blatt überwachen und zensieren soll, besteht aus Höchberg, Schramm und Bernstein. Nun haben aber Höchberg, Schramm und Bernstein in dem „Jahrbuch für Sozialwissenschaft und Sozialpolitik", das Höchberg in Zürich herausgegeben, einen Artikel „Rückblicke auf die sozialistische Bewegung in Deutschland" verfertigt, der sie alle drei als ganz ordinäre Bourgeois hinstellt, friedliche Philantropen; sie klagen die Partei an, zu ausschließlich eine „Arbeiterpartei" gewesen zu sein, den Haß der Bourgeoisie provoziert zu haben und beanspruchen die Leitung der Bewegung für „gebildete Bourgeois" ihres Schlages. Da hört denn doch die Gemütlichkeit auf [11]).

---

[11]) Vergleiche **Engels an Marx** vom 9. September 1879 (Marx—Engels-Briefwechsel, Band IV, Seite 422). Dort wird noch besonders kritisiert eine Buchbesprechung im Richterschen Jahrbuch. In dieser

Glücklicherweise kam vorgestern plötzlich Höchberg mir auf die Bude gestiegen. Da hab ich ihm dann reinen Wein eingeschenkt. Der arme Junge, au fond ein guter Kerl, aber e r ‑ s c h r e c k l i c h n a i v, fiel wie aus den Wolken, als ich ihm auseinandersetzte, daß wir nicht daran denken könnten, die proletarische Fahne fallen zu lassen, die wir seit fast 40 Jahren hochgehalten, und ebensowenig in den allgemeinen kleinbürgerlichen Verbrüderungsdusel einzustimmen, den wir nun ebenfalls seit beinah 40 Jahren bekämpft. Kurz, er weiß jetzt endlich, woran er mit uns ist und warum wir mit Seinesgleichen nicht marschieren können, was die Leipziger auch immer tun und sagen mögen."

5. Aus E n g e l s a n B e b e l vom 16. Dezember 1879. (Siehe Bebel „Aus meinem Leben", Band III, S. 83 ff.):

„In Nr. 10 des „Sozialdemokrat" stehen „geschichtliche Rückblicke", die unbedingt von einem der drei Sterne [12]) herrühren. Darin heißt es: Nur e h r e n d sei für die Sozialdemokratie der Vergleich mit Belletristen wie Gutzkow und Laube, also mit Leuten, die schon lange vor 1848 den letzten Rest von politischem Charakter zu Grabe getragen, wenn sie je einen hatten. Ferner: „Die Ereignisse von 1848 mußten kommen, entweder m i t a l l e n S e g n u n g e n d e s F r i e d e n s, wenn die Regierungen den Forderungen der Zeit genügt hätten, oder — da sie dies nicht taten — blieb l e i d e r kein anderer Weg, als der der gewaltsamen Revolution."

In einem Blatt, wo es möglich ist, die Revolution von 1848, die der Sozialdemokratie erst Tür und Tor öffnete, förmlich zu b e j a m m e r n, in einem solchen Blatt ist kein Raum für uns. Es geht aus diesem Artikel und aus Höchbergs Brief deutlich hervor, daß das Dreigestirn den Anspruch erhebt, ihre im Jahrbuch zum erstenmal klar ausgesprochenen kleinbürgerlich-sozialistischen Anschauungen im „Sozialdemokrat" als gleichberechtigt neben den proletarischen zur Geltung zu bringen. Und ich sehe nicht ein, wie Ihr in Leipzig, nachdem der Karren

---

Besprechung (Jahrbuch Seite 158 f) hatte es geheißen: „Die deutsche Sozialdemokratie hat längst schon die Kinderschuhe abgestreift und erkannt, daß n i c h t d i e R e v o l u t i o n, sondern ein langer, friedlicher Entwicklungsprozeß zu wahrer Freiheit und Gerechtigkeit, zum Sozialismus führen muß."

[12]) Dr. Höchberg, Eduard Bernstein und C. A. Schramm („Sterne", nach einem mit drei Sternen gezeichneten Artikel im Richterschen Jahrbuch).

nun einmal soweit verfahren, ohne förmlichen Bruch dies hindern wollt. Ihr erkennt die Leute nach wie vor als Parteigenossen an. Wir können das nicht. Der Jahrbuchartikel trennt uns scharf und absolut von ihnen. Wir können nicht einmal mit den Leuten verhandeln, solange sie behaupten, sie gehörten mit uns zu derselben Partei. Die Punkte, um die es sich hier handelt, sind Punkte, die in jeder proletarischen Partei gar nicht mehr diskutiert werden können. Sie innerhalb der Partei zur Diskussion stellen, heißt den ganzen proletarischen Sozialismus in Frage stellen [13]).

In der Tat, es ist auch besser, daß unter diesen Umständen wir nicht mitarbeiten. Wir würden in einem fort protestieren und in wenigen Wochen unseren Rücktritt öffentlich erklären müssen, womit der Sache doch auch nicht gedient wäre.

Es tut uns sehr leid, Euch in diesem Augenblick der Unterdrückung nicht unbedingt zur Seite stehen zu können. Solange die Partei in Deutschland ihrem proletarischen Charakter treu blieb, haben wir alle anderen Rücksichten beiseite gesetzt. Jetzt aber, wo die kleinbürgerlichen Elemente, die man zugelassen, offen Farbe bekannt haben, liegt die Sache anders. Sobald ihnen erlaubt wird, ihre kleinbürgerlichen Vorstellungen stückweise in das Organ der deutschen Partei einzuschmuggeln, wird uns dadurch dies Organ einfach verschlossen" [14]).

---

[13]) Aus einem späteren Teil desselben Briefes: „Und Höchberg glaubt noch, sie (seine „wissenschaftliche" Zeitschrift!) habe „aufklärend" gewirkt; Zeuge sei sein eigener, so merkwürdig klarer Kopf, der bis heute noch, trotz aller meiner Bemühungen, den Unterschied von kleinbürgerlichem und proletarischem Sozialismus nicht fassen kann. Alle Differenzen sind „Mißverständnisse". Ganz wie bei den demokratischen Heulern von 1848. Oder aber „übereilte Folgerungen". Natürlich, denn jede Folgerung ist übereilt, die dem Gerede dieser Herren einen bestimmten Sinn entlehnt. Sie wollen ja nicht nur d i e s sagen, sondern womöglich auch das Gegenteil. Im übrigen geht die Weltgeschichte ihren Gang, unbekümmert um diese Weisheits- und Mäßigkeitsphilister."

[14]) Am 19. Dezember 1879 schreibt E n g e l s an Becker (Engels vergessene Briefe, Seite 33): „Gestern hab' ich dem Bebel geschrieben, wir könnten an dem „S o z i a l d e m o k r a t" n i c h t m i t - a r b e i t e n. Es geht aus Höchbergs weiteren Briefen hervor, daß er es für selbstverständlich hält, im „Sozialdemokrat" die im Jahrbuch ausgesprochenen Ansichten vertreten zu können. Und solange die Leipziger mit ihm und seinen spießbürgerlichen Kollegen auf dem jetzigen Fuße stehen, sehe ich nicht ein, wie sie ihm das abschlagen können. Damit sind wir ausgeschlossen. Nachdem wir seit dem Manifest (ja schon seit Marx' Schrift gegen Proudhon) denselben klein-

6. Aus Engels an Bernstein ¹⁵) vom 30. November 1881 (Bernstein, Die Briefe von Engels, S. 44 ff.):

„Der Schwerpunkt der Bewegung ist verlegt aus den sächsischen halbländlichen Distrikten in die **industriellen großen Städte**¹⁶). Die Masse unserer Leute in Sachsen besteht aus Handwebern, die dem Untergang durch den Dampfstuhl geweiht sind und nur durch Hungerlohn und Nebenbeschäftigung (Gartenbau, Spielwarenschnitzerei usw.), noch soeben fortexistieren. Diese Leute befinden sich in einer ökonomisch reaktionären Lage, vertreten eine untergehende Produktionsstufe. Sie sind also mindestens nicht in demselben Grad geborene Repräsentanten des revolutionären Sozialismus, wie die Arbeiter der Großindustrie. Sie sind deshalb nicht von Natur reaktionär, wie z. B. hier [in England] die Reste der Handweber schließlich wurden ... aber sie sind auf die Dauer unsicher. Namentlich auch wegen ihrer furchtbar elenden Lage, die sie weit weniger widerstandsfähig macht als die Städter und wegen ihrer Zerstreuung, die es leichter macht, sie politisch zu knechten, als die Leute der großen Städte. Nach den im „Sozialdemokrat" gegebenen Tatsachen ist in der Tat der Heroismus noch zu bewundern, mit dem diese armen Teufel noch so zahlreich ausgehalten haben.

Aber ein richtiger Kern für eine große nationale Bewegung sind sie nicht. Ihr Elend macht sie unter Umständen — wie 1865 bis 1870 — rascher empfänglich für sozialistische Anschauungen als die Großstädter, aber dasselbe Elend macht sie auch unsicherer. Wer am Ertrinken ist, greift nach jedem Strohhalm und kann nicht warten, bis das Boot vom Ufer abstößt, das Rettung bringen will. Das Boot ist die sozialistische Revolution, der Strohhalm ist der Schutzzoll und Staatssozialismus ¹⁷).

---

bürgerlichen Sozialismus fortwährend bekämpft, können wir nicht mit ihm in demselben Augenblick zusammengehen, wo er das Sozialistengesetz zum Anlaß nimmt, seine Fahne aufs neue zu erheben."

¹⁵) Eduard Bernstein war seit Anfang 1881 Redakteur des Züricher „Sozialdemokrat".

¹⁶) Engels bezieht sich hier auf den Ausfall der Reichstagswahlen vom 27. Oktober 1881. Die Sozialdemokraten erhielten damals 311 961 Stimmen. Die Mandatszahl stieg — gegenüber 1878 — von 9 auf 12.

¹⁷) Ueber Staatssozialismus siehe Engels an Bernstein vom 12. März 1881 (Bernstein-Briefe, Seite 19); vergleiche auch Engels „Politisches Vermächtnis" (1920), Seite 10 und 12, und „Engels Entwicklung des Sozialismus" (Elementarbücher des Kommunismus, 1924, Seite 46).

Es ist bezeichnend, daß dort in unsern alten Bezirken fast nur Konservative Chancen hatten gegen uns. Und wenn damals Kayser solchen Unsinn machen konnte wegen Schutzzöllnerei, und die andern nicht recht entgegenzutreten wagten, woran lag das, wie Bebel mir selbst schrieb, als an den Wählern besonders Kaysers?

Jetzt ist das alles anders. Berlin, Hamburg, Breslau, Leipzig, Dresden, Mainz, Offenbach, Barmen, Elberfeld, Solingen, Nürnberg, Frankfurt a. M., Hanau n e b e n Chemnitz und den erzgebirgischen Distrikten, das gibt einen ganz anderen Halt. Die ihrer ökonomischen Lage nach revolutionäre Klasse ist Kern der Bewegung geworden. Daneben ist die Bewegung gleichmäßig über den ganzen industriellen Teil von Deutschland verbreitet, aus einer auf ein paar lokale Zentren beschränkten, eine n a t i o n a l e e r s t j e t z t g e w o r d e n. Und das erschreckt den Bürger am meisten.

Was die Gewählten angeht, so wollen wir das Beste hoffen, obwohl mir das bei Einzelnen sehr schwer fällt. Aber ein Unglück wäre es, wenn Bebel nicht noch hineinkäme. Der allein ist mit seinem richtigen Takt imstande, die vielen neuen und sicher auch mit allerhand neuen Plänchen ausgestatteten Elemente in Ordnung zu halten und Blamagen zu verhüten."

7. Aus E n g e l s a n B e r n s t e i n vom 25. Januar 1882 (Bernstein-Briefe, S. 49 ff.):

„Die Mitteilungen über die Vorgänge bei den „Führern" in Deutschland haben uns sehr interessiert. Ich habe nie verhehlt, daß nach meiner Ansicht die Massen in Deutschland viel besser sind als die Herren Führer, besonders seit diesen durch die Presse und Agitation die Partei eine milchende Kuh geworden, die sie mit Butter versorgte, und gar als Bismarck und die Bourgeoisie diese Kuh plötzlich einschlachteten. Die tausend Existenzen, die dadurch ruiniert wurden, haben das persönliche Unglück, nicht in direkt revolutionäre Lage, d. h. ins Exil versetzt zu werden. Sonst würden gar viele, die jetzt Trübsal blasen, ins Mostsche Lager übergegangen sein oder doch den „Sozialdemokrat" viel zu zahm finden. Die Leute bleiben meist in Deutschland und mußten es, gingen meist an ziemlich reaktionäre Orte, blieben sozial geächtet, für ihre Existenz von Philisterei abhängig, und wurden großenteils von dem Philistertum selbst angefressen. Für sie drehte sich bald alle Hoffnung auf Aufhebung des Sozialistengesetzes. Kein Wunder, daß unter dem Druck des Philisteriums der — in Wirklichkeit absurde — Wahn unter ihnen aufkam: dies sei mit Zahmheit zu erreichen. Deutschland ist ein ganz infames Land für Leute, die wenig Willenskraft haben. Die Enge und Kleinlichkeit der bürgerlichen wie politischen Verhältnisse, die Kleinstädterei selbst der Großstädte, die kleinen, aber sich stets häufenden Schikanen im Kampf mit Polizei und Bürokratie, alles dies ermattet, statt zum Widerstand aufzustacheln, und so werden in der großen „Kinderstube" viele selbst kindisch. Kleine Verhältnisse erzeugen kleine Anschauungen, so daß schon viel Verstand und Energie dazu gehört, wenn jemand, der in Deutschland lebt, imstande ist, über das Allernächste hinauszusehen, den großen Zusammenhang der Weltereignisse im Auge zu behalten, und nicht in jene selbstzufriedene „Objektivität" zu verfallen, die nicht weiter sieht als ihre Nase, und eben deshalb die borniertste Subjektivität ist, selbst wenn sie von Tausenden dieser Subjekte geteilt wird.

So natürlich aber auch das Aufkommen dieser ihren Mangel an Einsicht und Widerstandskraft durch „objektive" Superklugheit verdeckenden Richtung ist, so entschieden muß sie bekämpft werden. Und da bieten die Arbeitermassen selbst den besten Anhaltspunkt. Sie allein leben in Deutschland in annähernd modernen Verhältnissen, alle ihre kleinen und großen Miseren finden ihr Zentrum im Druck des K a p i t a l s, und während alle sonstigen Kämpfe in Deutschland, soziale wie politische, kleinlich und lumpig sind und sich um Lumpereien drehen, die anderwärts längst überwunden, ist ihr Kampf der einzig großartige, der einzige, der auf der Höhe der Zeit steht, der einzige, der die Kämpfer nicht ermattet, sondern mit immer neuer Energie versieht. Je mehr Sie also Ihre Korrespondenten unter den wirklichen, nicht zu „Führern" gewordenen Arbeitern [18]) finden können, desto mehr Chancen werden Sie haben, der führerlichen Heulerei ein Gegengewicht entgegenzustellen. Daß allerhand sonderbare Leute in den Reichstag kommen würden, war diesmal unvermeidlich. Umso größer das Pech, daß Bebel nicht gewählt ist. Er allein hat klaren Verstand, politischen Ueberblick und Energie genug, um Dummheiten zu verhindern."

---

[18]) In einem Brief an Bebel vom 16. Dezember 1879 (Bebel: „Aus meinem Leben", Band III, Seite 85) sagt E n g e l s : „Die Korrespondenzen der Arbeiter im „Sozialdemokrat" sind das einzig Gute, was drinsteht."

8. Aus Engels an Bernstein vom 25. Februar 1883 (Bernstein-Briefe, S. 115 f.):

„Die kleinbürgerliche Spießer- und Philistergesinnung innerhalb der Partei haben wir von jeher aufs äußerste bekämpft, weil sie, seit dem Dreißigjährigen Krieg ausgebildet, a l l e Klassen in Deutschland ergriffen, deutsches Erbübel, Schwester der Bedientenhaftigkeit und Untertanendemut und aller deutschen Erblaster geworden ist. Sie ist es, die uns im Ausland lächerlich und verächtlich gemacht hat. Sie ist Hauptursache der bei uns herrschenden Schlappheit und Charakterschwäche. Sie herrscht auf dem Thron ebenso oft wie in der Schusterherberge. Erst seit dem sich ein m o d e r n e s Proletariat in Deutschland gebildet hat, erst seitdem hat sich in ihm eine Klasse entwickelt, die von dieser deutschen Erbseuche aber auch fast gar nichts an sich hat, die freien Blick, Energie, Humor, Zähigkeit im Kampf bewiesen hat. Und wir sollten nicht gegen jeden Versuch kämpfen, dieser gesunden, und in Deutschland einzigen gesunden Klasse das alte Erbgift der Philisterborniertheit und Philisterschlappheit wieder künstlich einzuimpfen? Aber im ersten Schreck nach den Attentaten und dem Sozialistengesetz riß unter den Führern eine Angst ein, die nur bewies, daß sie selbst nur viel zu viel unter Philistern gelebt, und unter dem Druck der Philistermeinung standen. Damals sollte die Partei, wenn nicht gar philisterhaft w e r d e n , so doch s c h e i n e n. Das ist jetzt glücklich überwunden, aber die in der letzten Zeit vor dem Sozialistengesetz eingezogenen Philisterelemente, die namentlich unter den studierten, meist vor dem Examen hängengebliebenen Leuten vorherrschen, sind noch immer da und müssen scharf beobachtet werden. Es freut uns, daß Sie da mithelfen, Sie haben da am „Sozialdemokrat" den wichtigsten Posten." [19]

---

[19] Vergleiche aus einem Brief von Engels an Bernstein vom 13. September 1882 (Bernstein-Briefe, Seite 80): „Was sie über die Schwachmattigkeit verschiedener Leute in Deutschland entschuldigend sagen, habe ich mir auch schon mehrmals gesagt. Bei alledem ist es immer wieder der alte, deutsche Mangel an Charakter und Widerstandskraft und das Bedürfnis, nicht dem Arbeiter, sondern dem Philister gegenüber als achtungswerter Biedermann aufzutreten, der lange nicht der gefährliche Menschenfresser ist, für den er gilt. Es sind das immer die Leute, die ihr bißchen Bildung für nötig halten, damit der Arbeiter nicht sich selbst befreie, sondern durch sie erlöst werde. Befreiung der Arbeiterklasse ist ihnen nur möglich durch den gebildeten Spießbürger; wie sollen die armen, hilflosen, ungebildeten Arbeiter das selbst besorgen!"

9. Aus Engels an Bernstein vom 11. November 1884. (Bernstein-Briefe, S. 159 f.):

„Die Wahlen 1884 [20]) sind für uns, was 1866 für den deutschen Philister. Damals wurde er auf einmal, ohne sein Zutun, ja, gegen seinen Willen, „große Nation". Jetzt sind wir, aber durch eigene harte Arbeit und schwere Opfer „große Partei". Noblesse oblige. [Adel verpflichtet.] Wir können nicht die Masse der Nation zu uns herüberziehen, ohne daß diese Masse sich allmählich entwickelt. Frankfurt, München, Königsberg können nicht plötzlich so ausgesprochen proletarisch werden wie Sachsen, Berlin, die bergischen Industriebezirke. Die kleinbürgerlichen Elemente unter den Führern werden momentan in den Massen hier und da den Hintergrund finden, der ihnen bisher fehlte. Was bisher reaktionäre Strömungen bei einzelnen, kann sich jetzt als notwendiges Entwicklungsmoment — lokal — bei den Massen reproduzieren. Das würde eine veränderte Taktik nötig machen, um die Massen weiter zu führen, ohne deshalb die schlechten Führer obenauf zu lassen. Auch das bleibt abzuwarten."

10. Aus dem Vorwort von Engels zur Wohnungsfrage, geschrieben 1887 (siehe Engels zur Wohnungsfrage, 2. Auflage, Zürich 1887, S. 5 f.):

„Endlich aber ist der Bourgeois- und kleinbürgerliche Sozialismus in Deutschland bis auf diese Stunde stark vertreten. Und zwar einerseits durch Kathedersozialisten und Menschenfreunde aller Art, bei denen der Wunsch, die Arbeiter in Eigentümer ihrer Wohnung zu verwandeln, noch immer eine große Rolle spielt, demgegenüber meine Arbeit also noch immer am Platze ist. Andererseits aber in der sozialdemokratischen Partei selbst, bis in die Reichstagsfraktion hinein, findet ein gewisser kleinbürgerlicher Sozialismus seine Vertretung. Und zwar in der Weise, daß man zwar die Grundanschauungen des modernen Sozialismus, und die Forderung der Verwandelung aller Produktionsmittel in gesellschaftliches Eigentum als berechtigt anerkennt, aber ihre Verwirklichung nur in entfernter, praktisch unabsehbarer Zeit für möglich erklärt. Damit ist man denn für die Gegenwart auf bloßes soziales Flickwerk angewiesen und kann je nach Umständen selbst mit den reaktionärsten Bestrebungen zur sogenannten „Hebung der arbeitenden Klasse"

---

[20]) Die Sozialdemokraten erhielten damals 549 990 Stimmen, die Mandate stiegen von 12 auf 24.

sympathisieren. Das Bestehen einer solchen Richtung ist ganz unvermeidlich in Deutschland, dem Land des Spießbürgertums par excellence, und zu einer Zeit, wo die industrielle Entwicklung dies alteingewurzelte Spießbürgertum gewaltsam und massenweise entwurzelt. Es ist auch für die Bewegung ganz ungefährlich bei dem wunderbar gesunden Sinn unserer Arbeiter, der sich gerade in den letzten acht Jahren des Kampfes gegen Sozialistengesetz, Polizei und Richter so glänzend bewährt hat. Aber es ist nötig, daß man sich darüber klar werde, daß eine solche Richtung besteht. Und wenn, wie dies notwendig und sogar wünschenswert ist, diese Richtung später einmal festere Formen und bestimmtere Umrisse annimmt, dann wird sie zur Formulierung ihres Programms auf ihre Vorgänger zurückgehn müssen, und dabei wird auch Proudhon schwerlich übergangen werden."

11. Aus **Engels an Sorge** vom 4. Dezember 1894 (Sorge-Briefwechsel, S. 418):

„Die Bayern, die sehr, sehr opportunistisch geworden und **fast** schon eine ordinäre Volkspartei (d. h. die meisten Führer und viel neuer Parteizulauf) sind, hatten für das Gesamtbudget im Bayrischen Landtag gestimmt, und namentlich Vollmar hatte eine Bauernagitation eingerichtet, um die oberbayerischen Großbauern — Leute, mit 25—80 Acres Land (10 bis 13 Hektar), **die also ohne Lohnarbeiter gar nicht fertig werden können** — einzufangen, nicht aber ihre **Knechte**[21]. Sie erwarteten nichts Gutes vom Frankfurter

---

[21] In einem Brief vom 10. November 1894 hatte **Engels** darüber an Sorge geschrieben (Sorge-Briefwechsel, Seite 415): „Auf dem Kontinent wächst mit den Erfolgen die Lust nach mehr und mehr Erfolg und die Bauernfängerei im buchstäblichen Sinne wird Mode ... Nun kommt Vollmar in Frankfurt und will den **Bauer überhaupt** bestechen, und zwar ist der Bauer, mit dem er in Oberbayern zu tun hat, nicht der verschuldete rheinische Kleinbauer, sondern der Mittel- und selbsständige Großbauer, der Knechte und Mägde exploitiert und Vieh und Getreide verkauft. Und das geht nicht ohne Aufgeben des ganzen Prinzips. Wir können den Alpenbauer, den niedersächsischen und schleswig-holsteinischen Großbauer nur bekommen, wenn wir ihm die Ackerknechte und Tagelöhner preisgeben, und dabei verlieren wir auch politisch mehr als wir gewinnen. Der Frankfurter Parteitag hat sich in der Frage nicht entschieden, und das ist soweit gut, als die Sache jetzt gründlich studiert wird; die Leute, die dort waren, wußten von Bauern und von den nach den verschiedenen Provinzen so grundverschiedenen ländlichen Verhältnissen viel zu wenig, um anders als ins Blaue hinein beschließen zu können. Aber zum Austrag muß die Sache doch einmal kommen."

Parteitag. Organisieren also, a c h t T a g e v o r d i e s e m, einen bayerischen Spezialparteitag, und dort konstituieren sie einen förmlichen Sonderbund, indem sie abmachen, daß die bayerischen Delegierten in Frankfurt g e s c h l o s s e n nach den bayerischen, vorweg festgestellten, Beschlüssen stimmen sollen in allen bayerischen Fragen. So kommen sie hin, erklären, sie müssen in Bayern das Gesamtbudget bewilligen, das ginge nun einmal nicht anders, das sei zudem eine rein bayerische Frage, worin ein anderer sich nicht zu mischen habe. Mit anderen Worten: Beschließt ihr etwas uns Bayern Unangenehmes, verwerft ihr unser Ultimatum, dann, wenn's Spaltung geben sollte, ist's eure Schuld!

Mit dieser in der Partei bisher unerhörten Prätension treten sie vor die übrigen, hierauf unvorbereiteten Delegierten. Und da das Einigungsgeschrei in den letzten Jahren bis aufs äußerste poussiert worden ist, war es kein Wunder, daß bei den vielen in den letzten Jahren zugelaufenen, noch nicht voll durchgebildeten Elementen diese Haltung, bei der die Partei nicht bestehen kann, ohne die verdiente entschiedene Zurückweisung durchschlüpfte und über die Budgetfrage kein Beschluß zustande kam" [22]).

c) Gegen opportunistische Taktik im Parlament.

1. Aus E n g e l s a n B e c k e r vom 1. Juli 1879 (Engels Vergessene Briefe, Seite 27):

„Die unzeitige Sanftmut L i e b k n e c h t s im Reichstage [1]) hat im romanischen Europa begreiflicherweise sehr unangenehm gewirkt und ist auch unter den Deutschen überall unangenehm empfunden worden. Wir haben dies auch sofort brieflich ausgesprochen. Die alte g e m ü t l i c h e B r u m m e l a g i t a t i o n mit sechs Wochen bis sechs Monaten gelegentlichen Brummens ist ein für allemal für Deutschland zu Ende. Wie auch der jetzige Zustand sein Ende erreichen möge [2]), die neue Bewegung beginnt auf mehr oder weniger r e v o l u t i o n ä r e r G r u n d l a g e und muß daher auch einen viel resoluteren Charakter

---

[22]) Vergleiche dazu auch Rosa Luxemburg „Gegen den Reformismus", insbesondere die Vorbemerkung von Frölich „Die Süddeutsche Fronde" (Seite 401).

[1]) Anspielung auf eine etwas zahme Rede Wilhelm Liebknechts.

[2]) Am 21. Oktober 1878 war das Sozialistengesetz in Kraft getreten.

haben als die verflossene erste Bewegungsperiode. Man wird die Phrase von der friedlichen Erreichung des Zieles entweder nicht mehr nötig haben oder doch nicht mehr ernsthaft nehmen. Indem Bismarck diese Phrase unmöglich machte und die Bewegung in die revolutionäre Richtung warf, hat er uns einen enormen Dienst getan, der das bißchen Schaden durch Agitationsstockung mehr als überwiegt. Andererseits hat dies zahme Auftreten im Reichstag[3]) die Folge gehabt, daß sich die Revolutionsphrasenhelden jetzt wieder dagegen in die Brust werfen und durch Klüngeleien und Intrigen die Partei desorganisieren wollen."

2. Aus Engels an Bebel vom 14. November 1879 (Bebel: Aus meinem Leben, Band III, Seite 70 ff.):

„Ihre Aeußerungen über die Haltung der Abgeordneten und der Parteiführer überhaupt in der Schutzzollfrage[4]) bestätigen

---

[3]) Ueber solches „zahme" Auftreten schreibt Engels an Becker am 1. April 1880 (Seite 37): „Zweitens treten sie (nämlich: sozialdemokratische Parlamentarier) im Reichstag und im sächsischen Landtag meist so zahm auf, daß sie sich und die Partei vor der ganzen Welt blamieren, machen der bestehenden Regierung „positive" Vorschläge, wie sie es besser machen kann in kleinen Detailfragen usw. Und das sollen die Arbeiter, die für gesetzlos erklärt, die der Polizeiwillkür mit gebundenen Händen und Füßen überliefert sind, für eine richtige Vertretung ansehen!" — Damit will Engels natürlich nichts gegen „positive Vorschläge" überhaupt gesagt haben. In einem Briefe an Bernstein vom 11. November 1884 (Bernstein-Briefe, S. 159) spricht Engels von der Notwendigkeit, positive Gesetzesvorschläge machen zu müssen: „Wir werden jetzt positive Gesetzesvorschläge machen müssen. Werden sie entschieden, d. h. ohne Rücksicht auf kleinbürgerliche Vorurteile formuliert, dann sind sie sehr gut. Gibt es aber Geisersche Vierecke [Anspielung auf die sozialdemokratischen Parlamentarier Geiser und Viereck, die besonders in Opportunismus machten], dann ist's schlimm. Normalarbeitstag (10 Std., allmählich sinkend auf 8 etwa), innere und internationale Fabrikgesetzgebung (wobei die innere weiter gehen kann als die internationale), radikale Umarbeitung von Haftpflicht-, Unfall- und Krankengesetzgebung, Arbeiterinvaliden usw., geben Stoff und Gelegenheit genug. Nous verrons. [„Wir werden sehen."] — Vgl. dazu auch Marx im Brief an Kugelmann vom 17. März 1868 über die Notwendigkeit eines Fabrikgesetzes (Marx—Kugelmann-Briefe, S. 48) und die oft zitierte Stelle der Inauguraladresse (herausgegeben von Kautsky, Seite 27) und „Kapital", Band I (Volksausgabe, Seite 243) über die Wirkungen der englischen Fabrikgesetzgebung.

[4]) Die sozialdemokratische Parlamentsfraktion hatte schon 1877 bei der Eisenzollfrage zum Teil für Schutzzölle gestimmt.

jedes Wort meines Briefes. Schlimm genug war's schon, daß die Partei, die sich rühmt, dem Bourgeois so überlegen zu sein, bei dieser ersten ökonomischen Probe ebenso gespalten war, ebenso wenig Bescheid wußte, wie die Nationalliberalen, die doch wenigstens für ihren kläglichen Zusammenbruch die Entschuldigung hatten, daß hier wirkliche Bourgeoisinteressen in Konflikt kamen. Noch schlimmer, daß man diese Spaltung sichtbar werden ließ, daß man unsicher und schwankend auftrat. War einmal keine Einigung zu erzielen, dann war nur ein Weg: die Frage für eine reine Bourgeoisfrage zu erklären, was sie ja auch ist, und nicht mitzustimmen. Am schlimmsten war, daß man Kayser erlaubte, seine Jammerreden zu halten und in erster Lesung für das Gesetz zu stimmen. Erst nach dieser Abstimmung hat Hirsch [5]) ihn angegriffen, und wenn Kayser dann in III. Lesung gegen das Gesetz stimmt, so macht das die Sache für ihn nicht besser, sondern eher schlimmer.

Der Kongreßbeschluß [6]) ist keine Entschuldigung. Wenn die Partei sich heute noch an alle alten, in gemütlicher Friedenszeit gefaßten Kongreßbeschlüsse binden will, so legt sie sich selbst in Fesseln. Der Rechtsboden, auf dem eine lebende Partei sich bewegt, muß nicht nur selbst geschaffen, er muß auch jederzeit abänderbar sein. Indem das Sozialistengesetz alle Kongresse und damit die Abänderung der alten Kongreßbeschlüsse unmöglich macht, vernichtet es auch die bindende Kraft jener Beschlüsse. Eine Partei, der man die Möglichkeit abschneidet, bindende Beschlüsse zu fassen, hat ihre Gesetze nur in ihren lebendigen, stets wechselnden Bedürfnissen zu suchen. Will sie diese Bedürfnisse aber früheren Beschlüssen unterordnen, die jetzt starr und tot sind, so gräbt sie ihr eigenes Grab.

Dies das Formelle. Der Inhalt jenes Beschlusses aber macht ihn erst recht hinfällig. Erstens steht er im Widerspruch mit dem Programm, indem er die Bewilligung von indirekten Steuern zuläßt. Zweitens im Widerspruch mit der unabweisbaren Parteitaktik, indem er die Bewilligung von Steuern an den heutigen Staat erlaubt. Drittens aber besagt er in klares Deutsch übersetzt folgendes:

---

[5]) In der „Laterne", die Hirsch seit Dezember 1878 in Brüssel herausgab.

[6]) Beschluß des Sozialistenkongresses in Gotha 1876, wonach „die Sozialisten dem Kampf zwischen Schutzzoll und Freihandel fremd gegenüberstehen".

Der Kongreß bekennt, über die Schutzzollfrage nicht hinlänglich unterrichtet zu sein, um einen entscheidenden Entschluß für oder wider fassen zu können. Er erklärt sich also in dieser Frage für inkompetent, indem er des lieben Publikums halber sich darauf beschränkt, einige teils nichtssagende, teils einander oder dem Parteiprogramm widersprechende Gemeinplätze aufzustellen, und ist damit froh, die Sache los zu sein. Und diese Inkompetenzerklärung, mit der man in Friedenszeiten die damals rein akademische Frage auf die lange Bank schob, soll nun in den jetzigen Kriegszeiten, wo die Frage brennend geworden ist, so lange für die ganze Partei bindend sein, bis sie durch einen neuen, jetzt unmöglich gemachten Beschluß rechtsgültig aufgehoben ist?

Soviel ist sicher: Was auch der Eindruck ist, den die Hirschchen Angriffe gegen Kayser bei den Abgeordneten gemacht, diese Angriffe spiegeln den Eindruck wider, den das unverantwortliche Auftreten Kaysers bei den deutschen wie nichtdeutschen Sozialdemokraten gemacht hat. Und man sollte doch endlich einsehen, daß man nicht nur innerhalb der eigenen vier Pfähle, sondern auch vor Europa und Amerika die Reputation der Partei aufrecht zu erhalten hat.

Und dies führt mich auf den Rechenschaftsbericht.[7]) So gut der Anfang, so geschickt — unter den Umständen — die Behandlung der Schutzzolldebatte, so unangenehme Konzessionen an den deutschen Philister sind im dritten Teil enthalten. Wozu die ganz überflüssige Stelle über den „Bürgerkrieg", wozu das Hutabnehmen vor der „öffentlichen Meinung", die in Deutschland stets die des Bierphilisters sein wird, wozu hier die vollständige Verwischung des Klassenkampfcharakters der Bewegung? Wozu den Anarchisten diese Freude machen? Dazu sind alle diese Konzessionen nutzlos. Der deutsche Philister ist die inkorporierte Feigheit, er respektiert nur den, der ihm Furcht einflößt. Wer sich aber liebes Kind bei ihm machen will, den hält er für seinesgleichen und respektiert ihn nicht mehr als seinesgleichen, nämlich gar nicht. Und jetzt, nachdem der Sturm der Bierphilisterentrüstung, genannt öffentliche Meinung, sich zugegebenermaßen wieder gelegt hat, wo der Steuerdruck die Leute ohnehin wieder mürbe macht, wozu da noch diese Süßholzraspelei? Wenn Sie wüßten, wie das im Ausland

---

[7]) Der Rechenschaftsbericht der Reichstagsfraktion, der im „Sozialdemokrat" erschienen war.

sich anhört! Es ist ganz gut, daß ein Parteiorgan von Leuten redigiert werden muß, die mitten in der Partei und im Kampf stehen. Aber wären Sie nur sechs Monate im Ausland, so würden Sie über diese ganz unnötige Selbsterniedrigung der Parteiabgeordneten vor dem Philister ganz anders denken. Der Sturm, der nach der Kommune über die französischen Sozialisten hereinbrach, war doch noch was ganz anderes als das Nobilinggezeter in Deutschland[8]). Und wieviel stolzer und selbstbewußter haben sich die Franzosen verhalten. Wo finden Sie da solche Schwächen, solche Komplimente für den Gegner? Sie schwiegen, wo sie nicht frei ausreden konnten. Sie ließen den Spießbürger sich ausheulen, sie wußten, ihre Zeit werde schon wieder kommen, und jetzt ist sie da."

3. Aus Engels an Bebel vom 24. November 1879 (Bebel: Aus meinem Leben, Band III, Seite 78 ff.):

„In Beziehung auf die Zollfrage bestätigt Ihr Brief gerade das, was ich gesagt habe. War die Stimmung geteilt, was ja der Fall war, so mußte man, wenn man auf diese geteilte Stimmung Rücksicht nehmen wollte, sich ja gerade enthalten. Sonst nahm man nur auf einen Teil Rücksicht. Warum aber der schutzzöllnerische Teil mehr Rücksicht verdient als der freihändlerische, ist noch nicht abzusehen. Sie sagen, Sie können sich parlamentarisch nicht in der reinen Negation halten.[9]) Aber indem Sie alle schließlich gegen das Gesetz stimmten, hielten Sie sich doch in der reinen Negation. Ich sage nur, man hätte von vornherein wissen sollen, wie man sich verhalten wollte, man hätte handeln sollen in Uebereinstimmung mit der schließlichen Abstimmung.

Die Fragen, in denen sozialdemokratische Abgeordnete aus der reinen Negation heraustreten können, sind sehr eng begrenzt. Es sind alles Fragen, in denen das Verhalten der Arbeiter zum Kapitalisten direkt ins Spiel kommt: Fabrikgesetzgebung, Normalarbeitstag, Haftpflicht, Lohnzahlung in Waren usw. Dann allenfalls noch Verbesserungen im rein bürgerlichen Sinne, die einen positiven Fortschritt bilden. Münz- und Gewichtseinheit, Freizügigkeit, Erweiterung der persönlichen Freiheit

---

[8]) Das Geschrei der bürgerlichen Presse nach dem Attentat Nobilings auf den deutschen Kaiser am 2. Juni 1878.

[9]) Bebel hatte an Engels am 18. November 1879 (Band III, S. 76) geschrieben: „Wir werden, solange wir parlamentarisch mittun, uns in der reinen Negation nicht halten können, die Masse verlangt, daß auch für das Heute gesorgt werde, unbeschadet dessen, was morgen kommt."

usw. Damit wird man Sie wohl vorläufig nicht belästigen. In allen anderen ökonomischen Fragen, wie Schutzzölle, Verstaatlichung der Eisenbahnen, der Assekuranzen usw. werden sozialdemokratische Abgeordnete immer den entscheidenden Gesichtspunkt behaupten müssen, nichts zu bewilligen, was die Macht der Regierung gegenüber dem Volke verstärkt. Und es ist dies um so leichter, als hier ja regelmäßig die Stimmung in der Partei selbst gespalten sein wird und damit Enthaltung, Negation von selbst geboten ist[10]). Was Sie von Kayser sagen, macht die Sache noch schlimmer. Wenn er für Schutzzölle im allgemeinen spricht, warum stimmt er denn dagegen? Wenn er gegen sie stimmen will, warum spricht er für sie? Wenn er aber das Thema mit großem Fleiß studiert hat, wie kann er für Eisenzölle stimmen? Waren seine Studien einen Pfennig wert, so mußten sie ihn lehren, daß in Deutschland zwei Hüttenwerke sind, Dortmunder Union und Königs- und Laurahütte, deren jedes imstande ist, den ganzen inländischen Bedarf zu decken; daneben noch die vielen kleineren, daß hier also Schutzzoll reiner Unsinn ist, daß hier nur Eroberung des ausländischen Marktes helfen kann, also absoluter Freihandel oder aber Bankrott. Daß die Eisenfabrikanten selbst den Schutzzoll nur wünschen können, wenn sie sich zu einem Ring einer Verschwörung zusammengetan haben, die dem inneren Markte Monopolpreise aufzwingt, um dagegen die überschüssigen Produkte auswärts zu Schleuderpreisen loszuschlagen, wie sie dies im Augenblick bereits tatsächlich tun. Im Interesse dieses Ringes, dieser Monopolistenverschwörung hat Kayser gesprochen, und soweit er für Eisenzölle stimmte, auch gestimmt, und Hansemann von der Dortmunder Union und Bleichröder von der Königs- und Laurahütte lachen ins Fäustchen über den dummen Sozialdemokraten, der noch dazu das Thema mit Fleiß studiert hat. . . .

Die Stellen im Rechenschaftsbericht, die ich vorzüglich meine, sind erstens die, wo soviel Gewicht darauf gelegt wird, die öffentliche Meinung zu gewinnen — wer diesen Faktor gegen sich habe, sei gelähmt —, es war eine Existenzfrage, daß

---

[10]) Bereits in seiner Schrift „Die preußische Militärfrage und die deutsche Arbeiterpartei" aus dem Jahre 1865 hatte E n g e l s dem deutschen Proletariat die gute Lehre gegeben: „Wenn es dahin käme, daß die Reaktion dem deutschen Proletariat einige politische Scheinkonzessionen hinwerfen sollte — um es damit zu ködern, dann wird hoffentlich das deutsche Proletariat antworten mit den stolzen Worten des alten Hildebrand-Liedes: „Mit dem Speere soll man Gabe empfangen, Spitze gegen Spitze"." (Seite 51.)

„dieser Haß in Sympathie (Sympathie! von Leuten, die sich soeben während des Schreckens als Hundsfötter erwiesen!) verwandelt wurde" usw. Soweit braucht man nicht zu gehen, namentlich da der Schreck längst vorüber war. Zweitens, daß die Partei, welche den Krieg in jeder Gestalt verurteilt (also auch den, den sie selbst führen muß, den sie trotzdem führt), und die allgemeine Verbrüderung aller Menschen zum Ziele hat (das hat der Phrase nach jede Partei und der unmittelbaren Wirklichkeit nach keine, denn auch wir wollen uns nicht mit den Bourgeois verbrüdern, solange sie Bourgeois bleiben wollen), nicht den Bürgerkrieg erstreben kann (also auch nicht in dem Falle, wo der Bürgerkrieg das einzige Mittel zum Ziel wäre) — dieser Satz kann auch so gefaßt werden: Daß eine Partei, die das Blutvergießen in jeder Gestalt verdonnert, weder Aderlaß noch Amputation brandiger Glieder noch wissenschaftliche Vivisektion erstreben kann. Warum solche Redensarten machen? Ich verlange nicht, daß ihr „forsch" reden sollt. Ich werfe dem Bericht nicht vor, daß er zu wenig sagt — im Gegenteil zuviel, was besser weggeblieben wäre. . . .

Ein Bock aber wars, im „Sozialdemokrat" feierlich anzuzeigen, daß Liebknecht usw. den sächsischen Eid geschworen[11]). Das hat Hans sich nicht entgehen lassen, und seine anarchistischen Freunde werden es schon weiter verarbeiten. Marx und

---

[11]) Es handelte sich um den „Treueid", den Liebknecht beim Antritt seines Mandats für den Sächsischen Landtag — wie jeder Landtagsabgeordnete — hatte leisten müssen. B e b e l schrieb dazu an Engels am 11. Dezember 1879 (Band III, Seite 82): „Daß der Eid geleistet wurde, war auch meine Ansicht. Denn wollte man ihn nicht leisten, so brauchte man überhaupt nicht zu wählen. Aber ich wollte, daß vor der Eidesleistung erklärt würde, daß man den Eid nur als eine Formalie ansehe, die man erfüllen müsse, weil ohne sie kein Eintritt in die Kammer und keine Ausübung des Mandats möglich sei. Der Eid könne uns in unseren sozialistischen und republikanischen Ansichten nicht irritieren. Liebknecht war gegen diese Auffassung, und ich habe mich aus naheliegenden Gründen nicht weiter auf Streitereien eingelassen. Ebenso meine ich, wenn unsere Leute im Landtag ebenso, wie wir es konsequent im Reichstag gehalten, sich von allem intimen Umgang (Festlichkeiten, Präsidialessen, parlamentarische Kneipereien usw.) ferngehalten, es wäre besser. So oft jetzt dergleichen vorkommt, gibt es gewissen Blättern Stoff zu hämischen Bemerkungen, und da wir den Mund halten müssen, tragen solche Notizen dazu bei, unangenehme Kontroversen in den Reihen unserer eigenen Leute zu erzeugen. Wo die Sachlage so einfach ist wie hier, sollte man alles vermeiden, was zu Differenzen Anlaß gibt." — In einem Brief vom 7. März 1883 (Bebel, III. Band, Seite 247) kommt E n g e l s noch ein-

ich finden die Sache selbst gar nicht so gefährlich, wie zum Beispiel Hirsch sie im ersten Eifer genommen hat; Ihr müßt wissen, ob „Paris vaut bien une messe" [Paris ist wohl eine Messe wert], wie Heinrich IV. sagte, als er katholisch wurde und damit Frankreich einen Dreißigjährigen Krieg ersparte; ob die Vorteile derart sind, daß man diese Inkonsequenz begeht und einen Eid schwört, der noch dazu der einzige ist, der einem keinen Meineidsprozeß zuziehen kann. Aber wenn man schwor, mußte man davon schweigen, bis andere Lärm davon schlugen, dann war Zeit genug zur Verteidigung. Ohne den „Sozialdemokrat" hätte Hans kein Wort davon erfahren. . . .

Der Zutritt der Kleinbürger und Bauern ist zwar ein Kennzeichen des reißenden Fortschritts der Bewegung, aber auch eine Gefahr für sie, sobald man vergißt, daß diese Leute kommen müssen, aber auch nur kommen, weil sie müssen. Ihr Zutritt ist der Beweis, daß das Proletariat in Wirklichkeit die leitende Klasse geworden ist. Da sie aber mit kleinbürgerlichen und bäuerlichen Vorstellungen und Wünschen kommen, so darf man nicht vergessen, daß das Proletariat seine leitende, geschichtliche Rolle verscherzen würde, wenn es diesen Vorstellungen und Wünschen Konzessionen machte."

4. Aus M a r x a n S o r g e vom 19. September 1879 (Sorge-Briefwechsel, Seite 165 f.):

„Wie sehr der Parlamentarismus sie [die kleinbürgerlichen Opportunisten in der sozialdemokratischen Reichstagsfraktion] schon auf den Esel gebracht hat, kannst Du unter anderem daraus sehen, daß sie dem Hirsch ein großes Verbrechen machten — woraus? Daraus, daß er Kayser — von wegen seiner Rede bezüglich der Bismarckschen Zollgesetzgebung — in der „Laterne" etwas zerzaust hat. Aber, aber heißt es nun, die Partei, i. e. die Handvoll von parlamentarischen Vertretern der Partei, hatte Kayser bevollmächtigt, so zu sprechen! Desto größer die Schmach für diese Handvoll! Aber selbst das ist eine leere Ausflucht. Tatsächlich waren sie albern genug gewesen, Kayser zu gestatten, für sich und im Namen seiner Konstituenten zu sprechen; er sprach dagegen im Namen der Partei. Wie dem auch sei, sie sind schon soweit vom parlamentarischen Idiotismus angegriffen,

---

mal zustimmend auf die Eidesleistung zurück: „Euer Vorgang im sächsischen Landtag, den Eid ruhig zu schwören, hat Nachahmung gefunden. Die Italiener haben einstimmig erklärt, der Eid dürfe kein Hindernis sein, und Costa hat ohne Murren geschworen."

daß sie glauben, **über der Kritik** zu stehen, daß sie die Kritik als eine crime de lèse majesté [12]) verdonnern! —"

5. Aus **Engels an Bernstein** vom 14. April 1881 (Bernstein-Briefe, Seite 22 f.):

(Engels hatte im Eingang des Briefes um Uebersendung des Stenogramms der Reichstagsreden ersucht.) „Es sind in Reichs- und Landtagen so manche Dinge gesagt worden, die besser ungesagt geblieben wären, daß wir in diesen Dingen kein Urteil abgeben können, außer in voller Sachkenntnis. . . .

Wenn wir noch nicht direkt und **namentlich** im „Sozialdemokrat" aufgetreten (sind), so liegt das . . . eben an den eingangs erwähnten, in **Deutschland** gefallenen Aeußerungen. Wir haben zwar Versprechungen, daß dies nicht mehr vorkommen soll und auch der revolutionäre Charakter der Partei unumwunden ausgesprochen und festgehalten werden soll. Aber wir möchten das erst sehen, und haben von dem Revolutionarismus verschiedener der Herren zu wenig Sicherheit (eher das Gegenteil), daß uns eben deswegen Mitteilung der Stenogramme **aller** von unseren Abgeordneten gehaltenen Reden sehr wünschenswert ist." [13])

6. Aus **Engels an Bernstein** vom 18. Januar 1883 (Bernstein-Briefe S. 108 f.):

„Wieder hauen muß man für jeden feindlichen Hieb zwei, drei zurück. Das war unsere Taktik von jeher, und wir haben bis jetzt, glaub ich, noch so ziemlich jeden Gegner untergekriegt. „Im übrigen ist das Genie unserer Soldaten, zu attackieren; es ist solches auch schon ganz recht", sagte der alte Fritz in seinen Instruktionen an seine Generäle, und so machen es unsere Arbeiter auch in Deutschland. Wenn aber z. B. Kayser in der Debatte über die Gesamtausnahmegesetze — falls der Quadrat-(Viereck-)auszug richtig — sich zurückzieht und jammert, wir seien Revolutionäre nur im Pickwickschen Sinne, was dann? Was zu sagen war, war dies: daß der ganze Reichs-

---

[12]) Vgl. **Marx** an Engels vom 10. September 1879 (Marx—Engels-Briefwechsel, Band IV, Seite 424): „Die Leipziger ihrerseits sind schon so „parlamentarisiert", daß öffentliche Kritik eines Gliedes ihrer Koterie im Reichstag ihnen als crime de lèse majesté erscheint (Majestätsverbrechen)".

[13]) Am 22. Februar 1882 schreibt **Engels** an Bernstein (Bernstein-Briefe, Seite 54): „Die Stenogramme gehen heute zurück. Besten Dank. Meist etwas matt, doch bin ich schon zufrieden, wenn keine wirkliche Blamage und Prinzipverleugnung erfolgt."

tag und Bundestag nur da sitzen Kraft einer Revolution; daß der alte Wilhelm, als er drei Kronen und eine freie Stadt verspeiste, auch ein Revolutionär war; daß die ganze Legitimität, der ganze sogenannte Rechtsboden weiter nichts ist als das Produkt zahlloser, aber gegen den Volkswillen vollzogener, gegen das Volk mit gerichteter Revolutionen [14]). O diese verdammte deutsche Schlappheit des Denkens und Wollens, die mit soviel Mühe in die Politik hineingebracht wurde mit den „Gebildeten", wenn wir die nur erst wieder los wären!".

7. Aus **Engels an Becker** vom 2. April 1885 (Engels, Vergessene Briefe, S. 57):

„Wie unter dem Sozialistengesetz nicht anders möglich, sind von unseren Leuten eine Anzahl **rechter Philister in den Reichstag geschickt** worden, und fangen an sich zu fühlen, weil sie die Majorität der Fraktion sind. Man muß nun abwarten, wie weit sie gehen, im Schlepptau kann man sie sich eine Zeitlang gefallen lassen, an der Spitze aber nicht. Sie wissen, daß sie die Masse nicht hinter sich haben, aber sie wissen auch, daß den Massen gegenwärtig die Hände gebunden sind. Eins ist sicher. Bekommen sie Oberwasser, so mache ich nur bis zu einem gewissen Punkt mit, dann heißt's bon jour, messieurs. Leider kann ich wegen der Arbeitsüberhäufung nicht losgehen wie ich möchte, es ist aber vielleicht gut, den Herren ein bißchen Spielraum zu geben. Die Geschichte mit der **Dampfersubvention** [15]) ist noch soeben glimpflich

---

[14]) Aus einem Brief von **Engels** an Bernstein vom 22. Mai 1886 (Bernstein-Briefe, Seite 179 f.): „Gegenüber den matten und feigen Protesten und Beteuerungen friedlicher Zweckverfolgung unter allen Umständen von seiten unserer kleinbürgerlichen Sozialisten ist es in der Tat an der Zeit, zu zeigen, wie englische Minister — Althorp, Peel, Morley, Gladstone selbst, das Recht zur Revolution als verfassungsmäßige Theorie predigen — freilich nur, **solange sie in der Opposition**, wie Gladstones nachfolgende Seichbeutelei beweist, worin er aber doch das Recht als solches nicht zu verleugnen wagt — und besonders auch weil dies aus England kommt, dem Land der Gesetzlichkeit par excellence. Eine schönere Abfertigung können unsere Vierecks schwerlich finden."

[15]) **Engels** in einem Brief an Sorge vom 31. Dezember 1884 (Sorge-Briefwechsel, Seite 199): „Unter den deutschen Deputierten ist allerhand kleinbürgerliches Vorurteil, so z. B. will die Majorität „im Interesse der Industrie" für die Dampfersubvention stimmen. Das macht mir denn auch Korrespondenz genug. Glücklicherweise ist Bebel da, der immer den entscheidenden Punkt richtig anfaßt, und so hoffe ich, geht es ohne Blamage ab." — Die sozialdemokratische Reichstagsfraktion hatte der Unterstützung bestimmter überseeischer Post-

abgelaufen, nachdem einzelne sich arg blamiert. Jetzt wollen sie dem Züricher „Sozialdemokrat" an den Leib. Da wirds schon ernsthafter. Denn es ist genug, daß man sich gefallen läßt, von den Herren im Reichstag blamiert zu werden. Aber vor ganz Europa, — das geht doch nicht an. Wäre B e b e l gesund, so hätte das alles wenig zu sagen, aber er ist nervös, abgespannt, und muß dabei arg für seine Familie arbeiten.'

8. Aus E n g e l s a n S o r g e vom 29. April 1886 (Sorge-Briefwechsel, S. 220):

„Die Rückwirkung auf Deutschland ist nicht ausgeblieben[16]). Die revolutionäre Sprache und Aktion der Franzosen hat die Heulerei der Vierecks u. Ko. erst recht matt erscheinen lassen und so sind in der letzten Sozialistengesetzdebatte nur Bebel und Liebknecht aufgetreten und beide sehr gut. Mit dieser Debatte können wir uns wieder in anständiger Gesellschaft sehen lassen, was keineswegs mit allen der Fall war. Ueberhaupt ist es gut, daß den Deutschen, namentlich seit sie soviel Philisterelemente gewählt (was freilich unvermeidlich) die Führung etwas streitig gemacht wird. In Deutschland wird alles in ruhigen Zeiten philisterhaft."

9. Aus E n g e l s a n A d l e r vom 30. August 1892 (Victor Adlers Aufsätze, Reden und Briefe, 1. Heft, S. 45):

„Ich habe noch die Jahre im Gedächtnis, wo ich — damals noch mit Liebknecht in offizieller Korrespondenz stehend — in einem fort gegen die überall hineinsickernde urdeutsche Spießbürgerei anzukämpfen hatte. Im ganzen und großen haben wir das in Reichsdeutschland glücklich hinter uns, aber was sitzen in der Fraktion für Spießer und kommen immer wieder hinein! Eine Arbeiterpartei hat da nur die Wahl zwischen Arbeitern, die sofort gemaßregelt werden und dann leicht als Parteipensionäre verlumpen, oder Spießbürgern, die sich selbst ernähren, aber die Partei blamieren."

d) Ueber die evtl. Notwendigkeit einer Parteispaltung

1. Aus einem Brief von E n g e l s a n B e b e l (?) vom 20. Juni 1873 (Friedrich Engels Politisches Vermächtnis, S. 9 f.):

---

dampferlinien in Höhe von zirka 5 Millionen Mark mit 18 gegen 6 Stimmen zugestimmt und das gewissermaßen „imperialistisch" begründet.

[16]) Engels hatte vorher von der Bildung einer Arbeiterpartei in Frankreich gesprochen.

„Natürlich will jede Parteileitung Erfolge sehen, das ist auch ganz gut. Aber es gibt Umstände, wo man den Mut haben muß, den augenblicklichen Erfolg wichtigeren Dingen zu opfern... Namentlich bei einer Partei wie die unsrige, deren schließlicher Erfolg so absolut gewiß ist, und die zu unseren Lebzeiten und unter unseren Augen sich so kolossal entwickelt hat, braucht man den augenblicklichen Erfolg keineswegs immer unbedingt. Jedenfalls glaube ich, daß die tüchtigen Elemente unter den Lassalleanern Ihnen mit der Zeit selbst zufallen werden und daß es deshalb unklug wäre, die Frucht vor der Reife zu brechen, wie die Einigungsleute wollen¹). Uebrigens hat schon der alte Hegel gesagt: Eine Partei bewährt sich dadurch als die siegende, daß sie sich spaltet und die Spaltung vertragen kann. Die Bewegung des Proletariats macht notwendig verschiedene Entwicklungsstufen durch, auf jeder Stufe bleibt ein Teil der Leute hängen und geht nicht weiter mit; daraus allein erklärt sich, weshalb die „Solidarität des Proletariats" in der Wirklichkeit überall in verschiedenen Parteigruppierungen sich verwirklicht, die sich auf Tod und Leben befehden, wie die christlichen Sekten im römischen Reich unter den schlimmsten Verfolgungen..."

2. Aus Engels an Bernstein vom 5. Juni 1884 (Bernstein-Briefe, S. 212, f.):

„Seitdem die Herren Heuler sich förmlich zu einer Partei zusammengetan und in der Fraktion die Mehrheit haben, seitdem sie diese ihre durch das Sozialistengesetz geschaffene Macht erkannt haben und benutzen, halte ich es für unsere doppelte Pflicht, jeden Machtposten, den wir halten, festzuhalten bis aufs äußerste; vor allem den Machtposten am „Sozialdemokrat", der der wichtigste ist.

Diese Leute leben vom Sozialistengesetz. Wäre morgen freie Debatte, so wäre ich für sofortiges Losschlagen, und dann wären sie bald kaputt²). Solange aber keine freie Debatte

---

¹) Engels diskutiert hier die Frage der Vereinigung der Eisenacher mit den Lassalleanern, die dann 1875 in Gotha vollzogen wurde.

²) Am 12. Juni 1883 hatte Engels an Bernstein geschrieben (Bernstein-Briefe, Seite 121): „Ich hatte schon vor längerer Zeit an Bebel geschrieben: Der Bruch mit den Schlappschwänzen vom rechten Flügel müsse schließlich kommen, aber es sei, nach meiner Ansicht, nicht unser Interesse ihn zu forcieren, ehe wir wieder imstande sind, mit den Massen direkt zu verkehren; d. h. nicht, solange das Sozialistengesetz besteht."

herrscht, sie die ganze in Deutschland gedruckte Presse beherrschen, und ihre Zahl (als Mehrheit der „Führer") ihnen die Möglichkeit gibt, Klatsch, Intrigen, stille Verlästerung vollauf auszubeuten, müssen w i r , glaube ich, alles vermeiden, was einen Bruch, d. h. die S c h u l d des Bruches uns zuschöbe. Es ist das allgemeine Regel im Kampf innerhalb der eigenen Partei, jetzt mehr geboten als je. Der Bruch muß so eingerichtet werden, daß wir die alte Partei fortführen, sie austreten oder hinausgeworfen werden.

Ferner die Zeit. Jetzt ist i h n e n alles günstig. Wir können sie nicht verhindern, nach dem Bruch auch uns in Deutschland zu lästern und zu verleumden, sich als Repräsentanten der Massen hinzustellen (da die Massen sie ja wählen!); wir haben nur den „Sozialdemokrat" und die Auslandspresse. Sie können sich Gehör verschaffen, wir nur unter Schwierigkeiten. Veranlassen w i r nun gar den Bruch, so sagt die ganze Parteimasse nicht ohne Recht, daß wir die Zwietracht hineingeworfen, die Partei desorganisiert haben zu einer Zeit, wo sie sich eben erst mühsam und unter Gefahren reorganisiert. Können wir's vermeiden, dann wäre der Bruch — das ist noch meine Absicht — aufzuschieben, bis irgendeine Veränderung in Deutschland uns etwas mehr Ellenbogenraum gibt.

Wird trotzdem der Bruch unvermeidlich, so darf's kein persönlicher sein, kein einzelner Krakeel (oder was sich als solcher darstellen läßt) zwischen Dir und den Stuttgartern z. B., sondern er muß erfolgen auf einen ganz bestimmten Punkt hin, d. h. also auch hier auf eine Programmverletzung. So faul das Programm, so wirst Du doch bei einigem Studium desselben finden, daß darin Stützpunkte genug für Dich sind. Ueber das Programm aber hat die Fraktion keine Gerichtsbarkeit. Ferner muß der Bruch soweit vorbereitet sein, daß wenigstens Bebel damit einverstanden ist und gleich mitgeht. Und drittens mußt Du wissen, was Du machen willst und k a n n s t , wenn der Bruch da ist. Den „Sozialdemokrat" in die Hände dieser Leute übergehen zu lassen, wäre die Blamage der deutschen Partei vor der ganzen Welt."

3. Aus E n g e l s a n S o r g e vom 3. Juni 1885 (Sorge-Briefwechsel, S. 203 f.):

„Von den Reichstagsleutchen hast Du dieselbe richtige Vorahnung gehabt wie ich — sie haben bei der Dampfersubvention kolossale Spießbürgergelüste durchscheinen lassen. Es kam fast zur Spaltung, was jetzt, solange das Sozialistengesetz dauert, nicht wünschenswert. So bald wir aber wieder etwas elbow-room [Ellbogenfreiheit] in Deutschland haben, wird die Spaltung wohl kommen und dann nur nützen. Eine kleinbürgerlich-sozialistische Fraktion ist in einem Lande wie Deutschland unvermeidlich, wo das Spießbürgertum, noch mehr als das historische Recht, „keinen Datum nicht hat". Sie ist auch nützlich, sobald sie sich getrennt von der proletarischen Partei konstituiert hat. Diese Trennung aber würde jetzt nur schaden, wenn sie von uns provoziert würde. Sagen sie selbst sich aber faktisch vom Programm los, dann ist's umso besser und man kann draufschlagen. Ihr in Amerika leidet auch allerhand unter solchen großen Gelehrten, wie sie die Spießbürgersozialisten Deutschlands besitzen. Die Geschichtsexkurse der Stiebeling, Douai usw. über die Völkerwanderung im „Sozialist" haben mich sehr erheitert . . ."

4. Aus Engels an Becker vom 15. Juni 1885 (Engels Vergessene Briefe, S. 59):

„Der Krakeel in der deutschen Partei hat mich nicht überrascht. In einem Spießbürgerland wie Deutschland muß die Partei auch einen spießbürgerlich „gebildeten" rechten Flügel haben, den sie im entscheidenden Moment abschüttelt. Der Spießbürger-Sozialismus datiert von 1844 in Deutschland und ist schon im Kommunistischen Manifest kritisiert. Er ist so unsterblich, wie der deutsche Spießbürger selbst. So lange das Sozialistengesetz dauert, bin ich nicht dafür, daß wir die Spaltung provozieren, da die Waffen nicht gleich sind. Sollten aber die Herren die Spaltung selbst hervorrufen, indem sie den proletarischen Charakter der Partei unterdrücken und durch eine knotig-ästhetisch-sentimentale Philantropie ohne Kraft und Saft ersetzen wollen, so müssen wir's eben nehmen wie es kommt.³)

---

³) Uebrigens hatte auch August Bebel am 4. Januar 1882 in einem Brief an Auer (Bebel: Aus meinem Leben, 3. Band, Seite 226) sich folgendermaßen geäußert: „Ich bin allerdings auch der Meinung, daß wir, wenn irgend möglich, versuchen, dies Jahr in größerer Zahl zusammenzukommen. Nicht um eine Spaltung zu verhüten, denn diese kommt am Ende doch, wenn erst sich die Dinge weiter entwickeln. Für mich ist kein Zweifel, daß ein Teil unserer Führer schon seit längerer Zeit kampfesmüde ist, daß dieser Teil schon früher wider seinen Willen weiter getrieben wurde, als er seiner Natur und seiner Auffassung nach gehen wollte, und heute nur noch äußerlich zur Sache hält, entweder weil er sich selbst des Gegensatzes in der Auffassung nicht klar ist oder sich sagt, daß er auf die Zustimmung der

e) Ueber wahre und falsche Realpolitik.

1. Aus Engels an Weydemeyer vom 12. April 1853 (Neue Zeit, 25. B., 2. Hälfte, S. 166/67):

„Sehr schön ist, daß unsere Partei diesmal¹) unter ganz anderen Auspizien auftritt. Alle sozialistischen Dummheiten, die man 1848 noch gegenüber den puren Demokraten und süddeutschen Republikanern vertreten mußte, der Blödsinn Blancs usw., ja, selbst Dinge, die w i r genötigt waren aufzustellen, um nur in der konfusen deutschen Sachlage Anhaltspunkte für unsere Ansichten zu finden — alles das wird jetzt schon vertreten von unseren Herren Gegnern²), von Ruge, Heinzen, Kinkel usw. Die Präliminarien der proletarischen Revolution, die Maßregeln, die uns das Schlachtfeld präparieren und die Bahn fegen, eine und unteilbare Republik usw., Sachen, die w i r damals vertreten mußten g e g e n die Leute, deren natürlicher, normaler Beruf es gewesen wäre, sie durchzusetzen oder zu fordern, alles das ist jetzt convenu [erledigt]. Die Herren haben es gelernt. Diesmal fangen wir gleich mit dem Manifest an, dank namentlich auch dem Kölner Prozeß³), in welchem der deutsche Kommunismus (ganz besonders durch Röser) sein Abiturientenexamen abgelegt hat.

Alles das bezieht sich natürlich nur auf die Theorie; in der Praxis werden wir immer darauf reduziert sein, vor allem auf resolute Maßregeln und absolute Rücksichtslosigkeit zu drängen. Und da liegt das Pech. Mir ahnt so was, als ob unsere

---

Massen schwerlich zählen kann und dann seiner bisherigen Stellung verlustig geht. Der Differenzpunkt liegt nicht darin, ob in fünf Jahren eine Revolution ausbricht. Darüber mag man sich streiten, ein Spaltungsgrund ist es nicht, es wäre wenigstens großer Unsinn, einen daraus zu machen. Der Differenzpunkt liegt vielmehr in der ganzen Auffassung der Bewegung als Klassenbewegung, die große, weltumgestaltende Ziele hat und haben muß und deshalb keinen Kompromiß mit der herrschenden Gesellschaft eingehen kann und, wenn sie es täte, einfach zugrunde ginge resp. in neuer Gestalt und von der bisherigen Führerschaft befreit, sich regenierte." — Vergl. auch den Brief von Engels an Becker vom 1. April 1880 (Engels vergessene Briefe, Seite 36), der in unserem Vorwort zitiert worden ist.

¹) Bei der für 1854 von Engels erwarteten Krise und dem erhofften Ansteigen der revolutionären Welle.

²) Die Demokraten, die aber 1853 immerhin noch radikaler waren als 1928.

³) Der Kölner Kommunistenprozeß (1852), s. darüber M a r x' Enthüllungen über den Kommunistenprozeß, neu herausgegeben von Fr. Mehring, Berlin 1914.

Partei, dank der Ratlosigkeit und Schlaffheit aller anderen, eines schönen Morgens an die Regierung forciert wird, um schließlich doch die Sachen durchzuführen, die nicht in unserem, sondern im allgemeinen revolutionären und spezifisch kleinbürgerlichen Interessen sind, bei welcher Gelegenheit man dann, durch den proletarischen Populus [Volksmasse] getrieben, durch seine eigenen, mehr oder weniger falsch gedeuteten, mehr oder weniger leidenschaftlich im Todeskampf vorangedrängten, gedruckten Aussprüche und Pläne gebunden, genötigt wird, kommunistische Experimente und Sprünge zu machen, von denen man selbst am besten weiß, wie unzeitig sie sind. Dabei verliert man dann den Kopf — hoffentlich nur physiquement parlant [im physischen Sinne] —, eine Reaktion tritt ein, und bis die Welt imstande ist, ein historisches Urteil über so was zu fällen, gilt man nicht nur für eine Bestie, was wurst wäre, sondern auch für bête⁴), und das ist viel schlimmer.

Ich sehe nicht gut ein, wie es anders kommen kann. In einem zurückgebliebenen Lande wie Deutschland, das eine avancierte Partei besitzt und mit einem avancierten Lande, wie Frankreich in eine avancierte Revolution verwickelt wird, muß beim ersten ernstlichen Konflikt und sobald wirkliche Gefahr eintritt, die avancierte Partei daran kommen, und das ist jedenfalls v o r ihrer normalen Zeit. Indessen ist das alles wurst und das Beste ist, daß für einen solchen Fall in der Literatur unserer Partei schon im voraus ihre Rehabilitierung in der Geschichte begründet ist."

2. Aus M a r x an S c h w e i t z e r, vom 13. Oktober 1868 (Neue Zeit, 15. Bd., 1. Hälfte, S. 8):

„Nach 15jährigem Schlummer rief Lassalle — und dies bleibt sein unsterbliches Verdienst — die Arbeiterbewegung wieder wach in Deutschland. Aber er beging große Fehler. Er ließ sich zu sehr durch die unmittelbaren Zeitumstände beherrschen. Er machte den kleinen Ausgangspunkt — seinen Gegensatz gegen einen Zwerg wie Schulze-Delitzsch — zum Zentralpunkt seiner Agitation — Staatshilfe gegen Selbsthilfe. Er nahm damit nur die Parole wieder auf, die Buchez, der Chef des französischen k a t h o l i s c h e n Sozialismus, 1843 ff., gegen die wirkliche Arbeiterbewegung in Frankreich ausgegeben hatte⁵). Viel zu interelligent, um diese Parole für etwas anderes als ein

---
⁴) Ein Wortspiel: Bestie = Tier, bête = Dummheit.
⁵) Buchez forderte Produktiv-Assoziationen mit Staatshilfe.

transitorisches pis aller [vorübergehendes Aushilfsmittel] zu halten, konnte er sie nur durch ihre unmittelbare (angebliche!) practicability [Durchführbarkeit] rechtfertigen. Zu diesem Behufe mußte er ihre Ausführbarkeit für die nächste Zukunft behaupten. D e r „Staat" verwandelte sich daher in den preußischen Staat. So wurde er zu Konzessionen an das preußische Königtum, die preußische Reaktion (Feudalpartei) und selbst die Klerikalen gezwungen."

3. Aus M a r x a n K u g e l m a n n , vom 23. Februar 1865 (Marx' Briefe an Kugelmann, Elementarbücher des Kommunismus, 1927, S. 20 ff.):

„Lassalle geriet auf diese Abwege[6]), weil er in der Art des Herrn Miquel ein „R e a l p o l i t i k e r " nur von größerem Zuschnitt und weit mächtigeren Zwecken war . . . Lassalle wollte den Marquis Posa des Proletariats mit dem uckermärkischen Phillipp II. spielen, Bismarck als Kuppler zwischen ihm und dem preußischen Königtum . . . .

Ich glaube, daß S c h w e i t z e r usw. es e h r l i c h meinen, aber sie sind „R e a l p o l i t i k e r". Sie wollen den bestehenden Verhältnissen Rechnung tragen . . . Da ich aber kein Realpolitiker bin, habe ich es für nötig befunden, in einer öffentlichen Erklärung, (die Sie wohl bald in einer oder der anderen Zeitung sehen werden), zusammen mit Engels, dem „Sozialdemokraten"[7]) aufzukündigen . . .

In Deutschland stehen mir tatsächlich Lassalles Nachfolger entgegen, die erstens ihre Wichtigkeit törichterweise einzubüßen fürchten, zweitens meinen erklärten Gegensatz gegen das, was die Deutschen „Realpolitik" nennen, kennen. (Es ist diese Sorte Realität, die Deutschland so weit hinter alle zivilisierten Länder stellt.[8])"

---

[6]) Nämlich die Geheimverhandlungen mit Bismarck.

[7]) Das von Schweitzer 1865 geschaffene Organ der Lassalleaner, in dem im Februar 1865 Schweitzers 5 Artikel „Das Ministerium Bismarck" erschienen, die Marx und Engels zu der (unter 4 folgenden) Erklärung veranlaßten.

[8]) Es ist merkwürdig, wie L a s s a l l e , dessen praktische R e a l politik Marx mit Recht so scharf verdammte, in der „Theorie" bisweilen sehr gute Gedanken über eine richtige Realpolitik entwickelt hat. So in einem Briefe an Marx vom 6. März 1859 (Ferdinand Lassalles nachgelassene Briefe, 3. Band 1922, Seite 151 f): „Die ewige Stärke aller Herrschenden, eine bestehende Ordnung verteidigenden Klassen liegt in der nicht zu täuschenden, durchgearbeiteten Bewußtheit, mit welcher sie ihr Klasseninteresse, eben weil es ein bereits

herrschendes, ausgearbeitetes ist, durchdringt. Die ewige Schwäche einer jeden berechtigten revolutionären Idee, die sich zur Praxis kehren will, liegt in dem Mangel an Bewußtheit seitens der Glieder der ihr zugetanen Klassen, deren Prinzip noch nicht verwirklicht ist, sowie in dem hiermit zusammenhängenden Mangel an Organisation der ihr zu Gebote stehenden Mittel. Der hierbei stets wiederkehrende dialektische Widerspruch ist kurz folgender. Die Stärke der Revolution besteht in ihrer Begeisterung, diesem unmittelbaren Zutrauen der Idee in ihre eigene Kraft und Unendlichkeit. Aber die Begeisterung ist — als die u n m i t t e l b a r e Gewißheit von der Allmacht der Idee — zunächst ein abstraktes Hinwegsehen über die endlichen Mittel zur wirklichen Ausführung und über die Schwierigkeiten der realen Verwicklung. Die Begeisterung muß sich somit auf die reale Verwicklung, und in einer Operation mit den endlichen Mitteln einlassen, um in der endlichen Wirklichkeit ihre Zwecke zu erreichen... Unter diesen Umständen scheint es ein Triumph übergreifender realistischer Klugheit seitens der Revolutionsführer, mit den gegebenen endlichen Mitteln zu rechnen, die wahren und letzten Zwecke der Bewegung anderen (und beiläufig eben dadurch häufig sogar sich selbst) geheim zu halten, und durch diese beabsichtigte Täuschung der herrschenden Klassen, ja durch die Benützung dieser, die Möglichkeit zur Organisation der neuen Kräfte zu gewinnen, um so durch dies klug erlangte Stück Wirklichkeit die Wirklichkeit selbst dann zu besiegen...

Ein Zweck kann, wie der alte Hegel so meisterhaft tief ausgeführt, und Aristoteles schon vor ihm zum Teil gewußt hat, nur dann durch ein Mittel erreicht werden, wenn zuvor schon das Mittel selbst von der eigenen Natur des Zweckes ganz und gar durchdrungen ist. Der Zweck muß im Mittel selbst schon ausgeführt und verwirklicht sein, und letzteres seine Natur an sich tragen, wenn er durch das Mittel erreicht werden können soll (darum führt sich der Zweck in der Hegelschen Logik nicht d u r c h das Mittel aus, sondern erweist sich vielmehr im Mittel selbst als ein schon ausgeführter). Daher kann jeder Zweck nur durch das seiner eigenen inneren Natur entsprechende, und darum also können r e v o l u t i o n ä r e Z w e c k e nicht durch d i p l o m a t i s c h e M i t t e l erreicht werden. ...Es muß also zuletzt kommen, daß solche Revolutionsrechner, statt die getäuschten Feinde nicht vor sich und die Freunde hinter sich zu haben, zuletzt umgekehrt die Feinde vor sich und die Anhänger ihre Prinzips nicht hinter sich haben."

Aehnlich hat sich L a s s a l l e auch in einem Brief an Moses Heß vom 27. 8. 1863 (Grünbergs Archiv, 3. Band, Seite 132) ausgesprochen: „Eine theoretische Bewegung und eine praktische unterscheiden sich nach meiner Ansicht in folgender Weise. Bei einem theoretischen Werk handelt es sich darum, a l l e Konsequenzen des Prinzips, womöglich auch schon die allerletzte, zu ziehen. Je mehr ein Buch dieser Anforderung entspricht, desto besser ist es. Bei einer praktischen Agitation dagegen handelt es sich umgekehrt darum, sich mit aller Kraft auf die n ä c h s t e Konsequenz des Prinzips, auf den e r s t e n m ö g l i c h e n p r a k t i s c h e n S c h r i t t zu stürzen, aber auf einen solchen, in welchem das ganze und volle P r i n z i p bereits enthalten ist und unter entschiedenster Betonung und voller theoretischer Heraushebung dieses Prinzips. Hierdurch wird dann einerseits den Massen

4. Marx und Engels Erklärung*) an die Redaktion des „Sozialdemokrat" vom 24. Februar 1865 (Bebel, Aus meinem Leben, Band II, S. 21, sowie Marx-Engels-Briefwechsel Band III, Seite 231):

„Die Unterzeichneten versprachen ihre Mitarbeit am „Sozialdemokrat" und gestatteten ihre Nennung als Mitarbeiter unter dem ausdrücklichen Vorbehalt, daß das Blatt im Geiste des ihnen mitgeteilten kurzen Programms redigiert werde. Sie verkannten keinen Augenblick die schwierige Stellung des „Sozialdemokrat" und machten daher keine für den Meridian

---

größere Wut und Haß erweckt, als wenn man schon viel weitergehende Konsequenzen als Forderungen aufgestellt, die im Augenschein noch gar keine praktische Gefahr in sich schlössen, durch diese Wut gerade der rechte Boden für eine alle Köpfe umfassende Agitation — und somit doch auch für ein allgemeines Nachdenken — geschaffen, endlich, indem bereits das ganze Prinzip auch in diesem ersten und nächsten Schritt enthalten ist und sein muß, ein Schritt getan, der sich notwendig auch zu allen weiteren Konsequenzen entwickeln muß, diese in sich schließt und damit auch für das avancierteste theoretische Interesse der systematische Boden geschaffen."

(Fast wörtlich so auch in einer Anmerkung zu Lassalles Bastiat-Schulze, 1864, Lassalles Reden und Schriften, 1893, Band 3, S. 220.)

Schweitzer, der die falsche Realpolitik seines Meisters Lassalle eifrig fortsetzte, fand ebenfalls darüber ein sehr richtiges Wort in einem Brief an Marx vom 1. November 1865: „Die vermeintlichen „Realpolitiker" in ihrer Weisheit halten sich selbst für Schlauköpfe, die Leiter der bestehenden Gewalten für Esel. Hintennach aber stellt sich jedesmal heraus, daß die Leiter der bestehenden Gewalten die Schlauköpfe waren, die vermeintlichen Realpolitiker hingegen die Esel". — Aber gerade der Schlaukopf Schweitzer hatte am 4. Februar 1865 Marx gegenüber erklärt: „Wir müssen durchaus erst zu erstarken suchen und dürfen es daher mit der Regierung noch nicht verderben." (!)

*) Die Abfassung dieser Erklärung hatten Marx und Engels in mehreren Briefen untereinander vereinbart. Am 3. Februar 1865 schreibt Marx an Engels dazu (Briefwechsel, 3. Band, Seite 215 ff): „Dann benutzt man das [die Erklärung], um sich ditto gegen Bismarck zu erklären resp. gegen die Narren, die von einem Bündnis mit ihm für die Arbeiterklasse träumen oder faseln. Allerdings wäre dann am Schluß den sauberen Fortschrittlern zu sagen, daß sie einerseits durch ihre politische Feigheit und Hilflosigkeit die Sache verrannt haben, andererseits, wenn sie Allianz mit der Arbeiterklasse gegen die Regierung verlangen — und diese sei allerdings im Moment das einzig Richtige —, so müßten sie den Arbeitern wenigstens die Konzessionen machen, die ihrem eigenen Prinzip des „Freetrade" [Freihandel] und „Democratism" entsprechen, also Aufhebung sämtlicher Ausnahmegesetze gegen die Arbeiter, wozu außer den Koalitionsgesetzen auch ganz spezifisch die jetzige preußische Pressgesetzgebung

Berlin unpassenden Ansprüche. Sie forderten aber wiederholt, daß dem Ministerium und der feudal-absolutistischen Partei gegenüber eine wenigstens ebenso kühne Sprache geführt werde wie gegenüber den Fortschrittlern. Die von dem „Sozialdemokrat" befolgte Taktik schließt unsere weitere Beteiligung an demselben aus. Die Ansicht der Unterzeichneten vom königlich-preußischen Regierungssozialismus und von der richtigen Stellung der Arbeiterpartei zu

---

etwas Bestimmtes und Greifbares geboten, andererseits viele Menschen von unsystematischer „Billigkeit" und halber Einsicht dafür gewonnen, jedenfalls etwas sofort und praktisch Mögliches als Zielpunkt hingestellt, gerade dadurch bei den Gegnern eine viel gehöre. Sie müßten ditto wenigstens als Tendenz aussprechen die Wiederherstellung des allgemeinen Wahlrechts, das durch Staatsstreich in Preußen beseitigt wurde. Dies sei das Mindeste, was von ihnen zu erwarten. Ueber die Militärfrage wäre vielleicht auch einiges einzuschieben." — Am 5. Februar 1865 antwortet Engels: „Also mache die Erklärung. Zu dem Ausnahmegesetz gehört auch die Beschränkung des Vereins- und Versammlungsrechts, die ganze Gesetzgebung über Wanderbücher und endlich Artikel 100 des Strafgesetzbuches: Aufreizung der Staatsangehörigen zum Haß und zur Verachtung (auch ein napoleonisches Erbstück). Dann, wenn es hereinzubringen ist, eine Andeutung, daß in einem vorwiegenden Ackerbauland wie Preußen es eine Gemeinheit ist, im Namen des industriellen Proletariats über die Bourgeoisie ausschließlich herzufallen, daneben aber der patriarchalischen Prügelexploitation des Landproletariats durch den großen Feudaladel mit keinem Wort zu gedenken. Ueber die Militärfrage wäre weniger nötig zu sprechen, aber die Budgetfrage wäre hervorzuheben: was nutzt den Arbeitern ein durch allgemeines Stimmrecht gewähltes Parlament, wenn es so ohnmächtig ist, wie Bismarck das jetzige Bürgerparlament machen will — dessen Erbe es doch wäre? Und wenn es nicht einmal neue Steuern verweigern kann?" Auch in einer in jenen Wochen entstandenen Broschüre über: „Die preußische Militärfrage und die deutsche Arbeiter-Partei" (1865) riet Engels zu einem zeitweiligen Zusammengehen mit der Fortschrittspartei und sagte dazu: „Jeder Sieg der Reaktion hemmt die gesellschaftliche Entwicklung, entfernt unfehlbar den Zeitpunkt, wo die Arbeiter siegen können. Jeder Sieg der Bourgeoisie über die Reaktion dagegen ist nach einer Seite hin zugleich ein Sieg der Arbeiter, trägt zum endlichen Sturz der Kapitalistenherrschaft bei, rückt den Zeitpunkt näher heran, wo die Arbeiter über die Bourgeoisie siegen werden." S. 43 f.) Vgl. dazu „Engels, Grundsätze des Kommunismus" (Elementarbücher des Kommunismus 1928) S. 36 und „Komm. Manifest", Seite 55). Man beachte wohl, daß 1847 die bürgerliche Demokratie noch oppositionell war, noch das Ziel der bürgerlichen Revolution vor sich hatte und daß in den sechziger Jahren die Fortschrittspartei wenigstens noch parlamentarische Opposition mimte.

solchem Blendwerk findet sich bereits ausführlich entwickelt in Nr. 73 der „Deutschen Brüsseler Zeitung" vom 12. September 1847, in Antwort auf Nr. 206 des damals in Köln erscheinenden „Rheinischen Beobachters", worin die Allianz des Proletariats und der Regierung gegen die liberale Bourgeoisie vorgeschlagen war. Jedes Wort unserer damaligen Erklärung unterschreiben wir noch heute."

Dieser Artikel in der „Deutschen Brüsseler Zeitung" vom 12. September 1847 lautete in seinen entscheidenden Teilen (vergl. Marx-Engels Nachlaß, herausgegeben von F. Mehring, II. Bd., S. 433 f.):

„Wenn eine gewisse Fraktion deutscher Sozialisten fortwährend gegen die liberale Bourgeoisie gepoltert hat, und zwar in einer Weise, die niemandem Vorteil brachte als den deutschen R e g i e r u n g e n , wenn jetzt Regierungsblätter wie der „Rheinische Beobachter", auf die Phrasen dieser Leute gestützt, behaupten, n i c h t d i e l i b e r a l e B o u r g e o i s i e , s o n d e r n d i e R e g i e r u n g r e p r ä s e n t i e r e d i e I n t e r e s s e n d e s P r o l e t a r i a t s , s o h a b e n d i e K o m m u n i s t e n w e d e r m i t d e r e r s t e r e n n o c h m i t d e r l e t z t e r e n e t w a s g e m e i n . . .

Das Volk oder, um an die Stelle dieses weitschichtigen, schwankenden Ausdrucks den bestimmten zu setzen, das Proletariat räsoniert ganz anders, als man sich im geistlichen Ministerium[10]) träumen läßt. Das Proletariat fragt nicht, ob den Bourgeois das Volkswohl Haupt- oder Nebensache sei, ob sie die Proletarier als Kanonenfutter gebrauchen w o l l e n oder nicht. Das Proletariat fragt nicht, was die Bourgeois bloß w o l l e n , sondern was sie m ü s s e n . Es fragt, ob der jetzige politische Zustand, die Herrschaft der Bürokratie, o d e r d e r v o n d e n L i b e r a l e n e r s t r e b t e , d i e H e r r s c h a f t d e r B o u r g e o i s i e , i h m m e h r M i t t e l b i e t e t , s e i n e e i g e n e n Z w e c k e z u e r r e i c h e n . Dazu hat es nur nötig, die politische Stellung des Proletariats in England, Frankreich und Amerika mit der in Deutschland zu vergleichen, um zu sehen, d a ß d i e H e r r s c h a f t d e r B o u r g e o i s i e d e m P r o l e t a r i a t n i c h t n u r g a n z n e u e W a f f e n z u m K a m p f g e g e n d i e B o u r g e o i s i e i n d i e H a n d g i b t , s o n d e r n i h m a u c h e i n e g a n z a n d e r e S t e l l u n g ,

---

[10]) Das preußische Ministerium Eichhorn mit seinen Konsistorialräten.

eine Stellung als anerkannte Partei verschafft....

„Das Proletariat konnte sich freilich nicht für die ständischen Rechte interessieren. Aber ein Landtag, der Geschworenengerichte, Gleichheit vor dem Gesetz, Aufhebung der Frondienste, Preßfreiheit, Assoziationsfreiheit und eine wirkliche Repräsentation verlangt, ein Landtag, der ein für allemal mit der Vergangenheit gebrochen und seine Forderungen nach den Bedürfnissen der Zeit eingerichtet hätte, statt nach den alten Gesetzen, solch ein Landtag könnte auf die kräftigste Unterstützung des Proletariats rechnen".

5. Aus Engels an Sorge, vom 3. Mai 1873 (Sorge-Briefwechsel, S. 105):

„Daß Oberwinder[11]) in Oesterreich, wo der Feudalismus erst teilweise überwunden und die Massen noch unbegreiflich dumm sind, und wo die Verhältnisse ungefähr noch wie von Deutschland vor 1848 sind, — daß er da nicht gleich das Aeußerste mit radikal-weitestgehendem Gepolter verlangt, sondern die Politik verfolgt, die wir im Schluß des „Kommunistischen Manifestes" für das damalige Deutschland empfahlen, nehmen wir ihm sicher nicht übel. Er mag hier und da zu kleinbürgerlich vorsichtig sein, aber erstens ist das auch nicht bewiesen und zweitens kein Grund zu so kolossalem Gepolter."

6. Aus Engels an Sorge, vom 29. November 1886 (Sorge-Briefwechsel, S. 238 f.):

„Der erste große Schritt, worauf es in jedem neu in die Bewegung eintretenden Lande ankommt, ist immer die Konstituierung der Arbeiter als selbständige politische Partei, einerlei wie, solange es nur eine distinkte Arbeiterpartei ist. Und dieser Schritt ist geschehen[12]), viel rascher, als wir erwarten durften, und das ist die Hauptsache. Daß das erste Programm dieser

---

[11]) Oberwinder hatte die sozialistische „Volksstimme" in Wien im Jahre 1869 begründet. Für eine große Demonstration 1869 erhielt er 6 Jahre Kerker, wurde aber 1870 amnestiert. 1872 spaltete sich die österreichische Arbeiterbewegung in die „Radikale Arbeiterpartei" und die „Gemäßigten". Erst der Hainfelder Parteitag (1888) brachte die Einigung.

[12]) Engels hatte hier die Entwicklung der amerikanischen Arbeiterbewegung im Auge.

Partei noch konfus und äußerst mangelhaft . . ., das sind unvermeidliche Uebelstände, aber auch nur vorübergehende. Die Massen müssen Zeit und Gelegenheit haben, sich zu entwickeln, und die Gelegenheit haben sie erst, sobald sie eine eigene Bewegung haben — einerlei in welcher Form, sobald es nur ihre e i g e n e Bewegung ist —, in der sie durch ihre eigenen Fehler weitergetrieben werden, durch Schaden klug werden. Die Bewegung steht in Amerika da, wo sie bei uns vor 1848 stand, die wirklich intelligenten Leute dort werden zunächst die Rolle zu spielen haben, wie der Kommunistenbund vor 1848 unter den Arbeitervereinen . . . Gerade jetzt wäre es doppelt nötig, daß auf unserer Seite ein paar Leute da wären, die in der Theorie und altbewährten Taktik fest im Sattel sind . . . Und wenn da theoretisch klare Kämpfer vorhanden sind, die ihnen [den amerikanischen Arbeitern], die Folgen ihrer eigenen Fehler vorhersagen können, ihnen klar machen, wie jede Bewegung, die nicht die Vernichtung des Lohnsystems als letztes Ziel stets im Auge behält, irregehen und fehlschlagen muß — da kann mancher Unsinn vermieden und der Prozeß wesentlich abgekürzt werden."

7. Aus E n g e l s a n W i s c h n e w e t z k y, vom 27. Januar 1887 (Sorge-Briefwechsel S. 249):

„Unsere Theorie ist eine Evolutionstheorie, kein Dogma, das man auswendig lernt und mechanisch hersagt. Je weniger sie den Amerikanern von außen eingepaukt wird und je mehr sie sie durch eigene Erfahrung — unter dem Beistand der Deutschen — erproben, desto tiefer geht sie ihnen in Fleisch und Blut über. Als wir im Frühling 1848 nach Deutschland zurückkehrten, schlossen wir uns der Demokratischen Partei an, als einzige Möglichkeit, das Ohr der Arbeiterklasse zu gewinnen, wir waren der fortgeschrittenste Flügel der Partei, aber immerhin ein Flügel derselben. Als Marx die Internationale gründete, entwarf er die allgemeinen Regeln, so daß a l l e Arbeiterklassensozialisten jederzeit eintreten konnten — Proudhonisten, Pierre Lerauxisten[13]) und sogar der fortgeschrittenere Teil der englischen Gewerkschaften, und nur durch diese Weite der Auffassung[13]) konnte die Internationale das werden, was sie wirk-

---

[13]) Pierre Leraux (1797—1871) ein französischer Sozialist (St. Simonist).

[14]) Marx hatte am 4. November 1864 über seine Abfassung der Inauguraladresse an Friedrich Engels (Briefwechsel, 3. Band, Seite 191)

lich war, das Mittel, alle diese kleinen Sekten aufzulösen, und zu absorbieren, mit Ausnahme der Anarchisten, deren plötzliches Auftreten in verschiedenen Ländern nur die Folge der gewalttätigen bürgerlichen (Bourgeois-)Reaktion nach der Kommune war und daher von uns ruhig seinem eigenen Geschick, unterzugehen, überlassen werden konnte, was auch geschah. Hätten wir von 1864—1873 darauf bestanden, nur mit denen zusammen zu wirken, die unser Programm offen annahmen — wo würden wir heute stehen? Ich denke, unsere ganze Praxis hat bewiesen, daß man mit der allgemeinen Bewegung der Arbeiterklasse an jedem Punkte ihrer Bahn wohl zusammengehen kann[15]), ohne unsere eigene besondere Stellung, oder gar die Organisation aufzugeben oder zu verbergen."

8. Aus Engels an Sorge, vom 18. März 1893 (Sorge-Briefwechsel, S. 394):

„Ein Jüngling aus Texas ... verlangte von mir, ich solle etwas erklären gegen die Aufstellung von Kandidaten „für Präsident", da man doch den Präsidenten abschaffen wolle, das sei also eine Verleugnung des revolutionären Prinzips. Ich habe ihm Beiliegendes geantwortet:

---

folgendes geschrieben: „Es war sehr schwierig, die Sache so zu halten, daß unsere Ansicht in einer Form erschien, die sie dem jetzigen Standpunkt der Arbeiterbewegung acceptable machte. Dieselben Leute werden in ein paar Wochen Meetings mit Bright und Cobden für Stimmrecht halten. Es bedarf Zeit, bis die wiedererwachte Bewegung die alte Kühnheit der Sprache erlaubt. Nötig fortiter in re, suaviter in modo [stark in der Sache, gemäßigt in der Form]. — Am 1. Februar 1865 (Briefwechsel, Band 3, Seite 213) berichtet dann Marx an Engels, daß auf die Aufforderung eines bürgerlichen Komitees für Wahlrechtsform unter Leitung des Liberalen Cobden man auf Marx' Antrag im Generalrat beschlossen habe, soweit eine gemeinsame öffentliche Versammlung in Betracht käme, „mit ihnen zu agieren, wenn 1. direkt und öffentlich in dem Programm Manhood suffrage [Stimmrecht der erwachsenen Männer] proklamiert wird, 2. von uns gewählte Leute mit in das definitive Komitee [zur Versammlungsdurchführung] kommen, so daß sie die Kerls beobachten und bei dem jedenfalls, wie ich allen klarmachte, beabsichtigten neuen Verrat kompromittieren können."

[15]) Daß mit solcher Auffassung natürlich keine Verflachung des Programms gemeint ist, ersieht man aus einem Brief von Engels an Marx vom 23. November 1882 (Marx-Engels-Briefwechsel, 4. Band, Seite 491), wo Engels gegenüber der französischen Parteibewegung ziemlich giftig bemerkt: „Wenn man sein Programm aufs Niveau der allerordinärsten Trades Unions herabdrückt, so hat man allerdings leicht ‚ein groß Publikum'."

Ich sehe nicht ein, welche Verletzung des sozialdemokratischen Prinzips notwendig darin liegt, daß man für irgendein durch Wahl zu besetzendes politisches Amt Kandidaten aufstellt resp. für diese Kandidaten stimmt, selbst wenn man darauf hinarbeitet, dieses Amt selbst zu beseitigen. Man kann der Meinung sein, der beste Weg zur Abschaffung des Präsidentenamtes und des Senats in Amerika bestehe darin, daß man in diese Stellen Männer wählt, die verpflichtet sind, diese Abschaffung zu vollziehen, und wird dann konsequenterweise auch demgemäß handeln. Andere können der Meinung sein, dieser Weg sei unzweckmäßig; darüber läßt sich streiten. Es mag Umstände geben, unter welchen jene Handlungsweise auch eine Verletzung des revolutionären Prinzips in sich schließen würde; warum das immer und überall der Fall sein sollte, leuchtet mir nicht ein.

Das nächste Ziel der Arbeiterbewegung ist doch: die Eroberung der politischen Macht für und durch die Arbeiterklasse. Sind wir darüber einig, so kann der Meinungsstreit über die dabei anzuwendenden Mittel und Methoden des Kampfes unter aufrichtigen Leuten, die ihre fünf Sinne beieinander haben, kaum noch zu prinzipiellen Differenzen führen. Nach meiner Ansicht ist in jedem Lande die Taktik die beste, die am kürzesten und sichersten zum Ziele führt."

9. Aus Engels an Bernstein, vom 15. Mai 1885 (Briefe an Bernstein, S. 167):

„Vergiß nicht die alte Regel: über der Gegenwart der Bewegung und des Kampfes nicht die Zukunft der Bewegung zu vergessen. Und die gehört uns." [16])

10. Aus Engels an Victor Adler vom 30. August 1892 (Victor Adlers Aufsätze, Reden und Briefe, 1. Heft, 1922, S. 45):

„Was Du wegen der Taktik sagst, ist nur zu wahr. Aber es gibt nur zu viele, die aus Bequemlichkeit und um ihren Schädel nicht plagen zu müssen, die für den Augenblick passende Taktik für die Ewigkeit anwenden wollen. Die Taktik machen wir nicht aus nichts, sondern aus den wechselnden Umständen; in

---

[16]) Dieses Mahnwort marxistischer Realpolitik hat Engels an eben jenen Bernstein gerichtet, der dann nach dem Tode von Engels sich als Wortführer des kleinbürgerlichen Reformismus entpuppte, und seine Realpolitik 1898 in die berühmt gewordenen Worte kleidete: „Das Endziel, was immer es sei, ist mir nichts, die Bewegung alles." (Rosa Luxemburg, Gegen den Reformismus, Sammelband 1925, S. 17).

unserer jetzigen Lage müssen wir sie uns nur zu oft vom Gegner diktieren lassen." [17])

11. Aus Engels an Victor Adler vom 17. Juli 1894 (Adler, Heft 1, S. 103):

„Bei alledem ist Eure Lage [in Oesterreich] für den Kampf momentan günstiger — Ihr greift an, erobert Schritt vor Schritt Terrain, jeder errungene und besetzte neuen Bodenabschnitt stärkt nicht nur Eure Stellung, sondern führt Euch Massen neuer Verstärkungen zu; bei Eurem primitiven Konstitutionalismus können die Arbeiter wenigstens noch einige der Positionen erobern, und das auf gesetzlichem Wege, also auf dem Weg, der sie selbst politisch schult — der Positionen, die die Bourgeoisie hätte erobern s o l l e n. Auch bei uns gib's noch solche Positionen zu nehmen, aber die kriegen wir erst, wenn ein Anstoß von außen kommt, von einem Land, wo die Verquickung der alten feudalen, bürokratischen, polizeilichen Formen mit annähernd modernen bürgerlichen Institutionen den ersteren ein so starkes Uebergewicht gelassen, daß die Situation zu unmöglichen Verwicklungen führt. Und in dieser glücklichen Lage seid Ihr, und in der noch glücklicheren, daß Eure Arbeiterbewegung groß und stark genug ist, hier die Entscheidung zu geben und damit, wie ich hoffe, für Deutschland, Frankreich und Italien den Anstoß, der dort nötig ist, um die viel zu früh sich bildende „eine reaktionäre Masse" momentan wiederum zu sprengen, und statt des chronischen reaktionären Drucks einige bürgerliche Reformen im Sinne der Bewegungsfreiheit der Massen ins Leben zu rufen."

12. Aus Engels Einleitung [18]) zu Marx' „Klassenkämpfe in Frankreich" (1895):

„Der Revolutionär müßte verrückt sein, der sich die neuen Arbeiterdistrikte im Norden und Osten von Berlin zu einem

---

[17]) Adler hatte am 25. August 92 an Engels geschrieben: „Die Kritiker der Taktik glauben immer, sie sei, oder könne sein eine gerade Linie, während sie eine Wellenlinie sein muß, gerade wie die Weltgeschichte."

[18]) Gegenüber dem beliebten Hinweis auf diese „Einleitung" als Engels' letztem Bekenntnis zur absoluten Friedlichkeit und Gesetzlichkeit drucken wir hier zwei Sätze aus der Einleitung ab — aber nach Wiederherstellung des vom Parteivorstand der deutschen Sozialdemokratie verstümmelten resp. gefälschten Textes (s. darüber auch unser Vorwort). Die gesperrten Worte sind vom Parteivorstand bei der Veröffentlichung unterdrückt worden.

Barrikadenkampf selbst aussucht. Heißt das, daß in Zukunft der Straßenkampf keine Rolle mehr spielen wird? Durchaus nicht. Es heißt nur, daß die Bedingungen seit 1848 weit ungünstiger für die Zivilkämpfer, weit günstiger für das Militär geworden sind. Ein künftiger Straßenkampf kann also nur siegen, wenn diese Ungunst der Lage durch andere Momente aufgewogen wird. Er wird daher seltener im Anfang einer großen Revolution vorkommen, als im weiteren Verlauf einer solchen und wird mit größeren Kräften unternommen werden müssen. Diese aber werden dann wohl, wie in der ganzen französischen Revolution, am 4. September und 31. Oktober 1870, den offenen Angriff der passiven Barrikadentaktik vorziehen. ...

Das Wachstum (der Partei) ununterbrochen im Gang zu halten, bis es dem herrschenden Regierungssystem von selbst über den Kopf wächst, diesen sich täglich verstärkenden Gewalthaufen nicht in Vorhutkämpfen aufzureiben, sondern ihn intakt zu halten bis zum Tage der Entscheidung, das ist unsere Hauptaufgabe."

(Unter dem Banner des Marxismus, Jahrgang I Heft 1 S. 160 ff, D. Rjasonow: Engels Einleitung.)

f) Gegen Ultralinks [1])

1. Aus Marx an Engels vom 10. August 1869 (Marx-Engels-Briefwechsel, Band 4, Seite 188):

---

[1]) Bei der innigen Verwandtschaft von Ultralinks und Ultrarechts werden hier auch einige kritische Aeußerungen von Marx und Engels gegen den Ueberradikalismus registriert. Es ist übrigens bemerkenswert, daß Engels in einem Brief an Bernstein vom 20. Oktober 1882 (Bernstein-Briefe, Seite 86) angesichts ultralinker Einstellungen bei französischen Sozialisten schreibt: „Unter solchen Umständen Einigung predigen wollen, wäre reine Torheit. Mit Moralpredigten richtet man nichts aus gegen Kinderkrankheiten, die unter den heutigen Umständen nun einmal durchgemacht werden müssen." In ähnlicher Weise stellt auch Rosa Luxemburg in „Sozialreform oder Revolution" (Gegen den Reformismus, Seite 99) der „opportunistischen Wassersucht" die „anarchistischen Kindheitsmasern" gegenüber.

„Wilhelms [Liebknechts] in der Beilage abgedruckter Redeteil (in Berlin gehalten)²) zeugt innerhalb des Falschen von nicht zu leugnender Schlauheit, sich die Sache zurecht zu machen. Uebrigens ist das sehr schön! **Weil** man den Reichstag **nur** als **Agitationsmittel** benutzen darf, darf man **niemals** dort für etwas Vernünftiges und direkt die Arbeiterinteressen Betreffendes **agitieren!**³) Die Illusion des braven Wilhelm, daß, weil Bismarck arbeiterfreundliche Redensarten „liebt", er deshalb sich **wirklichen Arbeitermaßregeln** nicht widersetzen würde, ist wirklich reizend! „Als ob" — wie Bruno Bauer sagen würde — Herr Wagener nicht im Reichstag sich theoretisch **für** die Fabrikgesetze erklärt, aber **praktisch** dagegen, „weil sie unter den preußischen Verhältnissen nutzlos seien"! „Als ob" Herr Bismarck, wenn er wirklich etwas für die Arbeiter tun wollte und **könnte**, nicht die Ausführung der existierenden Gesetzgebung in Preußen selbst erzwingen würde! Bloß dadurch, daß dies in **Preußen** geschähe, **müßte** ja das liberale „Sachsen" nachfolgen. Was Wilhelm nicht begreift, ist, daß die jetzigen Regierungen zwar mit den Arbeitern kokettieren, aber sehr wohl wissen, daß ihr einziger Halt in der Bourgeoisie liegt, daß sie daher letztere mit arbeiterfreundlichen Phrasen ängstigen, aber nie realiter gegen sie vorgehen **können."**⁴)

2. Aus **Engels** „**Internationales aus dem Volksstaat**" (1874), (Berlin 1849, S. 45):

„Wir sind Kommunisten, weil wir bei unserem Ziel ankommen wollen, ohne uns an Zwischenstationen aufzuhalten,

---

²) Es ist die unter dem Titel „Die politische Stellung der Sozialdemokratie" veröffentlichte Rede vom 31. Mai 1869, in der W. **Liebknecht** mit ultralinker Schroffheit erklärt hatte: „Die Sozialdemokratie darf unter keinen Umständen und auf keinem Gebiet mit dem Gegner verhandeln." Liebknecht hat bei der Neuherausgabe dieser Schrift, 1888, solchen „Antiparlamentarismus" preisgegeben.

³) Am 6. Juli 1869 hatte **Engels** an Marx geschrieben (Briefwechsel, Band 4, Seite 175): „Auch ein schöner Standpunkt von Wilhelm [Liebknecht], daß man vom „jetzigen Staat" Konzessionen an die Arbeiter weder nehmen noch selbst **erzwingen** darf. Damit wird er verdammt viel bei den Arbeitern ausrichten können."

⁴) Auch am 7. April 1869 hatte **Engels** an Marx geschrieben (IV. 156): „Wilhelm bleibt seinem Prinzip treu: Wer Tatsachen überhaupt für irgend etwas wichtiges hält, ihnen „Rechnung trägt", der ist ein Anbeter des Erfolgs, ein Bismärcker."

an Kompromissen, die nur den Sieg vertagen und die Sklaverei verlängern.⁵)

Die deutschen Kommunisten sind Kommunisten, weil sie durch alle Zwischenstationen und Kompromisse, die nicht von ihnen, sondern von der geschichtlichen Entwicklung geschaffen werden, das Endziel klar hindurchsehen und verfolgen: die Abschaffung der Klassen, die Errichtung einer Gesellschaft, worin kein Privateigentum an der Erde und an den Produktionsmitteln mehr existiert. Die Dreiunddreißig sind Kommunisten, weil sie sich einbilden: sobald s i e nur den guten Willen haben, die Zwischenstationen und Kompromisse zu überspringen, sei die Sache abgemacht, und wenn es, wie ja feststeht, dieser Tage „losgeht" und sie nur ans Ruder kommen, so sei übermorgen „der Kommunismus eingeführt". Wenn das nicht sofort möglich, sind sie also auch keine Kommunisten.

Kindliche Naivität, die Ungeduld als einen theoretisch überzeugenden Grund anzuführen!"

3. A u s M a r x a n S o r g e vom 19. September 1879 (Sorge-Briefwechsel, Seite 163):

„Unsere Streitpunkte mit Most sind keineswegs die der Züricher Herren (des Trio Dr. Höchberg, Bernstein [seines Sekretärs] und C. H. Schramm). Wir werfen dem Most nicht vor, daß seine „Freiheit" zu revolutionär ist. Wir werfen ihm vor, daß sie k e i n e n r e v o l u t i o n ä r e n I n h a l t hat, sondern nur in R e v o l u t i o n s s p h r a s e n macht. Wir werfen ihm nicht vor, daß er die P a r t e i f ü h r e r i n D e u t s c h l a n d k r i t i s i e r t, sondern 1., daß er ö f f e n t l i c h e n S k a n d a l macht, statt wie wir den Leuten schriftlich, i. e. b r i e f l i c h seine Meinungen mitzuteilen, 2. aber, daß er dies nur zum Vorwand nimmt, sich selbst wichtig zu machen und die b l ö d - s i n n i g e n G e h e i m v e r s c h w ö r u n g s p l ä n e . . . in Umlauf zu setzen."

4. A u s E n g e l s a n B e r n s t e i n, vom 12. März 1881 (Briefe an Bernstein, Seite 20):

„Sonst finde ich Ihre Auffassung von der dem Blatt⁶) zu gebenden Haltung ganz stimmend mit der meinigen, freue mich auch, daß in der letzten Zeit nicht mehr so viel Aufwand mit

---

⁵) So hieß es in einem Programm von 33 blanquistischen Kommune-Flüchtlingen in Frankreich, das Engels hier kritisiert.

⁶) Der „Sozialdemokrat", dessen Redakteur Bernstein seit 1881 geworden war.

dem W o r t Revolution gemacht wird, wie zuerst. Das war anfangs ganz gut nach der argen Abwiegelei von 1880, aber es ist besser, auch gegenüber Most, vor großen Phrasen auf der Hut zu sein. Man kann revolutionäre Gedanken aussprechen, ohne fortwährend mit dem W o r t Revolution um sich zu werfen.⁷)

5. A u s E n g e l s a n B e r n s t e i n vom 2. November 1882 (Briefe an Bernstein, Seite 94):

„Was die Vollmarschen⁸) Artikel angeht, so war namentlich der erste mit seiner direkten Spitze gegen die Leute, die um j e d e n Preis nach Aufhebung des Sozialistengesetzes schreien, sehr gut und schlagend. Den 2. las ich ziemlich oberflächlich, vor einer Reise, und drei bis vier schwatzende Leute um mich. Sonst hätte ich die übertrieben gewalttätige Sprache, die er am Schluß von der Partei geführt wissen will, nicht so leicht genommen, wie ich es in der Tat getan. In diesem Punkte hat Bebel⁹) recht, aber ich glaube, er nimmt ihn etwas zu ernst."

---

⁷) So tadelte Engels auch an Guesde den Pariser Aberglauben, daß immer mit dem Wort Revolution um sich geworfen werden muß (s. Engels an Bernstein vom 25. Oktober 1881, Seite 33).

⁸) Artikel im „Sozialdemokrat", geschrieben von Vollmar, dem späteren Reformisten.

⁹) B e b e l hatte darüber an Engels geschrieben am 1. Oktober 1882: „Die Artikel sind gut geschrieben und prinzipiell korrekt, aber taktisch f a l s c h. Wenn wir d i e Sprache führen, die Vollmar empfiehlt, dann sitzen wir binnen 4 Wochen auf die §§ 80, 81, 128, 129 usw. unseres Strafgesetzbuches sämtlich im Loch und haben unsere 5—10 Jahre am Halse, und wenn das Blatt im gleichen Stil schreiben würde, würde dasselbe jedem passieren, der mit der Verbreitung des Blattes abgefaßt würde. Diese Sprache ist einfach unmöglich, so prinzipiell richtig sie ist; wir richten uns aber mit dieser Sprache zu Grunde und daher dürfen wir sie nicht reden." (Bebel, Aus meinem Leben, 3. Band, Seite 232.)

II.
ANHANG
Die Programme der deutschen Sozialdemokratie

a) Die Erwägungsgründe der Statuten der Internationalen Arbeiter-Assoziation (entworfen von Karl Marx 1864).

„In Erwägung

daß die Emanzipation der Arbeiterklasse das Werk der Arbeiterklasse selbst sein muß;

daß der Kampf für die Emanzipation der Arbeiterklasse kein Kampf für Klassenvorrechte und Monopole ist, sondern für gleiche Rechte und Pflichten und für die Vernichtung aller Klassenherrschaft;

daß die ökonomische Unterwerfung des Arbeiters unter den Aneigner der Arbeitsmittel, d. h. der Lebensquellen, der Knechtschaft in allen ihren Formen zugrunde liegt — dem gesellschaftlichen Elend, der geistigen Verkümmerung und der politischen Abhängigkeit;

daß die ökonomische Emanzipation der Arbeiterklasse daher der große Endzweck ist, dem jede politische Bewegung, als Mittel, unterzuordnen ist;

daß alle auf dieses Ziel gerichteten Versuche bisher gescheitert sind aus Mangel an Einigung unter den mannigfachen Arbeitszweigen jedes Landes und an der Abwesenheit eines brüderlichen Bundes unter den Arbeiterklassen der verschiedenen Länder;

daß die Emanzipation der Arbeiterklasse weder eine lokale noch eine nationale, sondern eine soziale Aufgabe ist, welche alle Länder umfaßt, in denen die moderne Gesellschaft besteht, und deren Lösung vom praktischen und theoretischen Zusammenwirken der fortgeschrittensten Länder abhängt;

daß die gegenwärtig sich erneuernde Bewegung der Arbeiterklasse in den industriellsten Ländern Europas, während sie neue Hoffnungen wachruft, zugleich feierliche Warnung erteilt gegen einen Rückfall in die alten Irrtümer und zur sofortigen Zusammenfassung der noch zusammenhangslosen Bewegungen drängt;

aus diesen Gründen ist die Internationale Arbeiter-Assoziation gestiftet worden.

Sie erklärt:

Daß alle Gesellschaften und Individuen, die sich ihr anschließen, Wahrheit, Gerechtigkeit und Sittlichkeit anerkennen als die Regel ihres Verhaltens zueinander und zu allen Menschen, ohne Rücksicht auf Farbe, Glaube oder Nationalität. Sie betrachtet es als Pflicht eines jeden, die Menschen- und Bürgerrechte nicht bloß für sich zu erlangen, sondern für jedermann, der seine Pflicht tut. Keine Pflichten ohne Rechte, keine Rechte ohne Pflichten." [1])

b) § 1 des Statuts des Allgemeinen Deutschen Arbeitervereins (1863).

„Unter dem Namen Deutscher Arbeiterverein begründen die Unterzeichneten für die deutschen Bundesstaaten einen Verein, welcher von der Ueberzeugung ausgehend, daß nur durch das allgemeine, gleiche und direkte Wahlrecht eine genügende Vertretung der sozialen Interessen des deutschen Arbeiterstandes und eine wahrhaftige Beseitigung der Klassengegensätze in der Gesellschaft herbeigeführt werden kann, den Zweck verfolgt, auf friedlichem und legalen Wege, insbesondere durch das Gewinnen der öffentlichen Ueberzeugung für die Herstellung des allgemeinen, gleichen und direkten Wahlrechts zu wirken." [2])

c) Das Programm des Allgemeinen Deutschen Arbeitervereins
(Leipziger Entwurf zugleich als Grundlage für die Wahl 1866)

„Die Arbeiterpartei, oder die Partei des vierten Standes, bekennt sich zu dem Grundsatze, daß die Unterdrückten aller europäischen Länder ohne Unterschied des Glaubens, des Staates oder der Abstammung auf gegenseitigen Beistand und auf Vereinigung durch ihr Interesse angewiesen sind.

Ihr Ziel besteht in der Beseitigung der Unterdrückung jeglicher Art, namentlich im Wegfall der Ausbeutung der kapital-

---

[1]) Vgl. Karl Marx, Die Inauguraladresse der Internationalen Arbeiter-Assoziation (Berlin, Dietz, 1922, Seite 31.)
[2]) S. R. Lipinski, die Sozialdemokratie 1927, 1. Band, Seite 153 f. Diesem Buch sind auch noch einige der folgenden Stücke entnommen.

losen Arbeit durch das Kapital, und sie ist sich vollständig darüber klar, daß sie dieses Ziel nur durch einen gründlichen Umschwung, welcher zur Herstellung d e s e u r o p ä i s c h e n s o z i a l d e m o k r a t i s c h e n S t a a t e s und zur Eroberung des Weltmarkts führt, erreichen kann.

Das allgemeine, gleiche und direkte Wahlrecht betrachtet die Arbeiterpartei dabei als den selbstverständlichen Ausgangspunkt und darum ist dasselbe in ihren Augen nur dann von Wert, wenn die Unterdrückten und Ausgebeuteten es als freie Gleiche zu gebrauchen und es in ihrem eigenen Interesse anzuwenden wissen.

Sie macht keine künstliche Trennung zwischen dem Politischen und Sozialen; denn sie weiß, daß eine jede solche Trennung nur Verwirrung erzeugt und schließlich darauf hinausläuft, ihre gerechten Ansprüche auf Selbstherrschaft entweder ganz zum Schweigen zu bringen oder doch mit unwesentlichen kleinen Zugeständnissen abzufinden. Sie kann bloß siegen als K l a s s e im großartigen Klassenkampfe, indem sie den jetzigen Staat, in welchem die Unterdrückten ja die ungeheure Mehrheit bilden, ihren gerechten Ansprüchen gemäß umgestaltet. Die Einführung von Produktiv-Assoziationen im größtmöglichen Maßstabe vermittelst der Solidarität der Gesamtbevölkerung steht bei ihren Forderungen zunächst obenan.

Unter diesen Forderungen ist natürlich auch inbegriffen vollständige Gewerbefreiheit, Freizügigkeit, allgemeines deutsches Bürgerrecht, unbeschränktes Versammlungsrecht, vollkommene Preßfreiheit, die Erzielung der größtmöglichen Volksbildung, namentlich durch gründliche Verbesserung der Volksschulen, und wie die von der sogenannten „bürgerlichen Demokratie" gewöhnlich vorgeschlagenen Palliativmittel sonst heißen mögen.

Da die Arbeiterpartei die Festigung, Fortdauer und Erweiterung des norddeutschen Bundes nicht wünschen kann, so benutzt sie einfach das von der preußischen Regierung oktroyierte allgemeine direkte Wahlrecht und das ebenfalls oktroyierte Bundesparlament als eine willkommene Gelegenheit, um durch ihre Deputierten von der Tribüne herab vor ihren Brüdern in ganz Europa vorstehende Grundsätze ungeschminkt und ohne alle Scheu proklamieren zu lassen. Nur derjenige ist ein ihrer würdiger Vertreter, welcher den Mut besitzt, allein in jeder Beziehung die sozialdemokratischen Interessen geltend zu machen.

Unter deutscher Einheit versteht die Arbeiterpartei den zentralisierten deutschen Volksstaat und erstrebt selbigen einfach als einen Anfang des solidarischen europäischen Staats.

Die Kämpfe zwischen den verschiedenen monarchistischen Parteien liegen ihr gleichfern, mögen nun letztere für despotische preußische Einheit arbeiten oder für die Erhaltung der gegenwärtigen Dynastien wirken, oder aber eine österreichische despotische Einheit einzuführen bemüht sein.

Ebenso weist die Arbeiterpartei die Föderalisten zurück, die entweder unter dem Aushängeschild föderalistischer Gesinnungen ihren monarchistischen Partikularismus verstecken oder, wenn sie nicht unaufrichtig sind, wirklich eine Bundesrepublik nach schweizerischem oder amerikanischem Muster bezwecken. Sie läßt sich zu keinen fremden Zwecken mißbrauchen: darum agitiert sie auf eigene Rechnung und wirkt bloß für ihre eigene Befreiung.

Sie erniedrigt sich zu keinem Kompromiß, sondern sie stellt ihre eignen Kandidaten auf — unbekümmert darum, ob dieselben siegreich aus dem Wahlkampfe hervorgehen oder nicht. Doch tritt sie sofort zu fester Wahlorganisation zusammen, setzt alle Kräfte in Bewegung und bringt alle ihr möglichen Opfer, um für ihre Kandidaten den Triumph zu erringen. Ihr Wahlspruch lautet nach wie vor: „Es lebe die sozial-demokratische Agitation, es lebe das Recht der freien Gleichen, es lebe der von jeder Unterdrückung gereinigte sozial-demokratische Staat!"

d) Programm des Allgemeinen Deutschen Arbeitervereins
(entworfen von Schweitzer, angenommen auf der Generalversammlung in Braunschweig 1867)

„Der Allgemeine Deutsche Arbeiterverein bekämpft jeden despotischen Druck und jede Bevormundung von oben, wie jede bundesstaatliche Gestaltung; er will das ganze Deutschland zu einem einheitlichen und freien Volksstaate verbunden wissen.

In sozialer Beziehung erklärt er:

Die heutige Gesellschaft ist auf die Ausbeutung des Menschen durch den Menschen, auf die Ausbeutung der Massen zu Gunsten Weniger gegründet. Damit Wenige in schädlichem Ueberfluß schwelgen können, müssen Millionen im Elend verkümmern. Wahre Zivilisation ist erst vorhanden, wenn in der Gesellschaft nicht nur gesetzlich, sondern auch den tatsächlichen Bedingungen nach Allen gleiche Rechte zustehen, wenn jedem die Entwicklung seiner Fähigkeiten und die Teilnahme an den Segnungen der Gesellschaft gesichert sind. Die Grundlage des körperlichen Wohlseins und der geistigen Vervollkommnung aber sind die materiellen Verhältnisse.

Aus diesen Gründen ist der A. D. A. bestrebt, an die Stelle der jetzigen Produktionsweise, unter welcher die Masse des Volkes, die Arbeiter, zu Gunsten des Kapitals mit einem kärglichen Lohn abgefunden werden, eine neue Produktionsweise zu setzen, durch welche **eine gerechte Verteilung der durch die gemeinsame gesellschaftliche Produktion hergestellten Wertgegenstände verwirklicht wird.**

Zur Anbahnung dieses neuen Gesellschaftszustandes verlangt der A. D. A. die Begründung von Produktiv-Assoziationen von Staats wegen nach dem Plane Ferdinand Lassalles.

Da die Lage der Arbeiterklasse in allen modernen Kulturländern der Hauptsache nach dieselbe ist und nachhaltig nicht in einem einzelnen Lande zum Bessern umgewandelt werden kann, so erkennt der A. D. A. die **Gemeinsamkeit der Arbeiterinteressen** in allen Kulturländern."

e) Programm der Sächsischen Volkspartei
(angenommen auf der Landesversammlung in C h e m n i t z 1866)

„1. Unbeschränktes Selbstbestimmungsrecht des Volkes. Allgemeines, gleiches und direktes Wahlrecht mit geheimer Abstimmung auf allen Gebieten des staatlichen Lebens (das Parlament, die Kammern der Einzelstaaten, die Gemeinden usw.). Volkswehr an Stelle der stehenden Heere. Ein mit größter Machtvollkommenheit ausgestattetes Parlament, welches namentlich auch über Krieg und Frieden zu entscheiden hat.

2. Einigung Deutschlands in einer demokratischen Staatsform. Keine erbliche Zentralgewalt. — Kein Klein-Deutschland unter preußischer Führung, kein durch Annexion vergrößertes Preußen, kein Groß-Deutschland unter österreichischer Führung, keine Trias (Dreiheit). Diese und ähnliche dynastisch-partikularistischen Bestrebungen, welche nur zur Unfreiheit, Zersplitterung und Fremdherrschaft führen, sind von der Demokratischen Partei auf das entschiedenste zu bekämpfen.

3. Aufhebung aller Vorrechte des Standes, der Geburt und Konfession.

4. Hebung der leiblichen, geistigen und sittlichen Volksbildung. Trennung der Schule von der Kirche, Trennung der Kirche vom Staat und des Staates von der Kirche, Hebung der Lehrerbildungsanstalten und würdige Stellung der Lehrer, Erhebung der Volksschule zu einer aus der Staatskasse zu erhaltenden Staatsanstalt mit unentgeltlichem Unterricht. Herbeischaffung von Mitteln und Gründung von Anstalten zur Weiterbildung der der Volksschule Entwachsenen.

5. Förderung des allgemeinen Wohlstandes zur Befreiung der Arbeit und der Arbeiter von jeglichem Druck und jeglicher Fessel. Verbesserung der Lage der arbeitenden Klasse, Freizügigkeit, Gewerbefreiheit, allgemeines deutsches Heimatrecht, Förderung und Unterstützung des Genossenschaftswesens, namentlich der Produktivgenossenschaften, damit der Gegensatz zwischen Kapital und Arbeit ausgeglichen werde.

6. Selbstverwaltung der Gemeinden.

7. Hebung des Rechtsbewußtseins im Volke durch Unabhängigkeit der Gerichte, Geschworenengerichte, namentlich auch in politischen und Preßprozessen; öffentliches und mündliches Gerichtsverfahren.

8. Förderung der politischen und sozialen Bildung des Volkes durch freie Presse, freies Versammlungs- und Vereinsrecht, Koalitionsrecht."

f) Programm des Vereinstages der Deutschen Arbeitervereine zu Nürnberg 1868

„Der zu Nürnberg versammelte fünfte deutsche Arbeitervereinstag erklärt in nachstehenden Punkten seine Uebereinstimmung mit dem Programm der Internationalen Arbeiter-Assoziation.

1. Die Emanzipation (Befreiung) der arbeitenden Klassen muß **durch die arbeitenden Klassen selbst erkämpft werden**. Der Kampf für die Emanzipation der arbeitenden Klassen ist nicht ein Kampf für Klassenprivilegien und Monopole, **sondern für gleiche Rechte und gleiche Pflichten und für Abschaffung aller Klassenherrschaft**.

2. Die ökonomische Abhängigkeit des Mannes der Arbeit von dem Monopolisten (dem ausschließlichen Besitzer) der Ar-

beitswerkzeuge bildet die Grundlage der Knechtschaft in jeder Form, des sozialen Elends, der geistigen Herabwürdigung und der politischen Abhängigkeit.

3. Die politische Freiheit ist die unentbehrliche Vorbedingung zur ökonomischen Befreiung der arbeitenden Klassen. Die soziale Frage ist mithin untrennbar von der politischen, ihre Lösung durch diese bedingt und nur möglich im demokratischen Staat.

Ferner in Erwägung:

daß alle auf die ökonomische Emanzipation gerichteten Anstrengungen bisher in dem Mangel der Solidarität (Vereinigung) zwischen den vielfachen Zweigen der Arbeit jeden Landes und dem Nichtvorhandensein eines brüderlichen Bandes der Einheit zwischen den arbeitenden Klassen der verschiedenen Länder gescheitert sind; daß die Emanzipation der Arbeit weder ein lokales, noch ein nationales, sondern ein soziales Problem (Aufgabe) ist, welches alle Länder umfaßt, in denen es moderne Gesellschaft gibt, und dessen Lösung von der praktischen und theoretischen Mitwirkung der vorgeschrittensten Länder abhängig, beschließt der fünfte deutsche Arbeitervereinstag seinen Anschluß an die Bestrebungen der Internationalen Arbeiterassoziation."

g) Das Programm der Sozialdemokratischen Arbeiterpartei
(beschlossen in Eisenach 1869)

„I. Die Sozialdemokratische Arbeiterpartei erstrebt die Errichtung des freien Volksstaates.

II. Jedes Mitglied der Sozialdemokratischen Arbeiterpartei verpflichtet sich, mit ganzer Kraft einzutreten für folgende Grundsätze:

1. Die heutigen politischen und sozialen Zustände sind im höchsten Grade ungerecht und daher mit der größten Energie zu bekämpfen.

2. Der Kampf für die Befreiung der arbeitenden Klassen ist nicht ein Kampf für Klassenprivilegien und Vorrechte, sondern für gleiche Rechte und gleiche Pflichten und für die Abschaffung aller Klassenherrschaft.

3. Die ökonomische Abhängigkeit des Arbeiters von dem Kapitalisten bildet die Grundlage der Knechtschaft in jeder Form,

und es erstrebt deshalb die Sozialdemokratische Partei unter Abschaffung der jetzigen Produktionsweise (Lohnsystem) durch genossenschaftliche Arbeit den vollen Arbeitsertrag für jeden Arbeiter.

4. Die politische Freiheit ist die unentbehrliche Vorbedingung zur ökonomischen Befreiung der arbeitenden Klassen. Die soziale Frage ist mithin untrennbar von der politischen, ihre Lösung durch diese bedingt und nur möglich im demokratischen Staat.

5. In Erwägung, daß die politische und ökonomische Befreiung der Arbeiterklasse nur möglich ist, wenn diese gemeinsam und einheitlich den Kampf führt, gibt sich die sozialdemokratische Arbeiterpartei eine einheitliche Organisation, welche es aber auch jedem einzelnen ermöglicht, seinen Einfluß für das Wohl der Gesamtheit geltend zu machen.

6. In Erwägung, daß die Befreiung der Arbeiter weder eine lokale noch eine nationale, sondern eine soziale Aufgabe ist, welche alle Länder, in denen es moderne Gesellschaft gibt, umfaßt, betrachtet sich die Sozialdemokratische Arbeiterpartei, soweit es die Vereinsgesetze gestatten, als Zweig der Internationalen Arbeiter-Assoziation, sich deren Bestrebungen anschließend.

III. Als die nächsten Forderungen in der Agitation der Sozialdemokratischen Arbeiterpartei sind geltend zu machen:

1. Erteilung des allgemeinen, gleichen, direkten und geheimen Wahlrechts an alle Männer vom 20. Lebensjahr an zur Wahl für das Parlament, die Landtage der Einzelstaaten, die Provinzial- und Gemeindevertretungen wie alle übrigen Vertretungskörper. Den gewählten Vertretern sind genügend Diäten zu gewähren.

2. Einführung der direkten Gesetzgebung (das heißt Vorschlags- und Verwerfungsrecht) durch das Volk.

3. Aufhebung aller Vorrechte des Standes, des Besitzes, der Geburt und Konfession.

4. Errichtung der Volkswehr an Stelle des stehenden Heeres.

5. Trennung der Kirche vom Staat und Trennung der Schule von der Kirche.

6. Obligatorischer Unterricht in Volksschulen und unentgeltlicher Unterricht in allen öffentlichen Bildungsanstalten.

7. Unabhängigkeit der Gerichte, Einführung der Geschworenen- und Fachgewerbegerichte, Einführung des öffentlichen

und mündlichen Gerichtsverfahrens und unentgeltliche Rechtspflege.

8. Abschaffung aller Preß-, Vereins- und Koalitionsgesetze; Einführung des Normalarbeitstages; Einschränkung der Frauen- und Verbot der Kinderarbeit.

9. Abschaffung aller indirekten Steuern und Einführung einer einzigen direkten progressiven Einkommensteuer und Erbschaftssteuer.

10. Staatliche Förderung des Genossenschaftswesens und Staatskredit für freie Produktivgenossenschaften unter demokratischen Garantien."

h) Das Programm der Sozialistischen Arbeiterpartei Deutschlands (beschlossen in Gotha 1875)

„I. Die Arbeit ist die Quelle alles Reichtums und aller Kultur, und da allgemein nutzbringende Arbeit nur durch die Gesellschaft möglich ist, so gehört der Gesellschaft, das heißt allen ihren Gliedern, das gesamte Arbeitsprodukt, bei allgemeiner Arbeitspflicht, nach gleichem Recht, jedem nach seinen vernunftgemäßen Bedürfnissen.

In der heutigen Gesellschaft sind die Arbeitsmittel Monopol der Kapitalistenklasse; die hierdurch bedingte Abhängigkeit der Arbeiterklasse ist die Ursache des Elends und der Knechtschaft in allen Formen.

Die Befreiung der Arbeit erfordert die Verwandlung der Arbeitsmittel in Gemeingut der Gesellschaft und die genossenschaftliche Regelung der Gesamtarbeit mit gemeinnütziger Verwendung und gerechter Verteilung des Arbeitsertrages.

Die Befreiung der Arbeit muß das Werk der Arbeiterklasse sein, der gegenüber alle anderen Klassen nur eine reaktionäre Masse sind.

II. Von diesen Grundsätzen ausgehend, erstrebt die sozialistische Arbeiterpartei Deutschlands mit allen gesetzlichen Mitteln den freien Staat und die sozialistische Gesellschaft, die Zerbrechung des ehernen Lohngesetzes durch Abschaffung des Systems der Lohnarbeit, die Aufhebung der Ausbeutung in jeder Gestalt, die Beseitigung aller sozialen und politischen Ungleichheit.

Die sozialistische Arbeiterpartei Deutschlands, obgleich zunächst im nationalen Rahmen wirkend, ist sich des internationalen Charakters der Arbeiterbewegung bewußt und entschlossen, alle Pflichten, welche derselbe den Arbeitern auferlegt, zu erfüllen, um die Verbrüderung aller Menschen zur Wahrheit zu machen.

Die sozialistische Arbeiterpartei Deutschlands fordert, um die Lösung der sozialen Frage anzubahnen, die Errichtung von sozialistischen Produktivgenossenschaften mit Staatshilfe unter der demokratischen Kontrolle des arbeitenden Volkes. Die Produktivgenossenschaften sind für Industrie und Ackerbau in solchem Umfange ins Leben zu rufen, daß aus ihnen die sozialistische Organisation der Gesamtarbeit entsteht.

Die sozialistische Arbeiterpartei Deutschlands fordert als Grundlagen des Staates:

1. Allgemeines, gleiches, direktes Wahl- und Stimmrecht, mit geheimer und obligatorischer Stimmabgabe aller Staatsangehörigen vom zwanzigsten Lebensjahre an für alle Wahlen und Abstimmungen in Staat und Gemeinde. Der Wahl- oder Abstimmungstag muß ein Sonntag oder Feiertag sein.
2. Direkte Gesetzgebung durch das Volk. Entscheidung über Krieg und Frieden durch das Volk.
3. Allgemeine Wehrhaftigkeit. Volkswehr an Stelle der stehenden Heere.
4. Abschaffung aller Ausnahmegesetze, namentlich der Preß-, Vereins- und Versammlungsgesetze; überhaupt aller Gesetze, welche die freie Meinungsäußerung, das freie Forschen und Denken beschränken.
5. Rechtsprechung durch das Volk. Unentgeltliche Rechtspflege.
6. Allgemeine und gleiche Volkserziehung durch den Staat. Allgemeine Schulpflicht. Unentgeltlicher Unterricht in allen Bildungsanstalten. Erklärung der Religion zur Privatsache.

Die sozialistische Arbeiterpartei Deutschlands fordert innerhalb der heutigen Gesellschaft:

1. Möglichste Ausdehung der politischen Rechte und Freiheiten im Sinne der obigen Forderungen.
2. Eine einzige progressive Einkommensteuer für Staat und Gemeinde, anstatt aller bestehenden, insbesondere der das Volk belastenden indirekten Steuern.

3. Unbeschränktes Koalitionsrecht.
4. Einen den Gesellschaftsbedürfnissen entsprechen Normal arbeitstag. Verbot der Sonntagsarbeit.
5. Verbot der Kinderarbeit und aller die Gesundheit und Sittlichkeit schädigenden Frauenarbeit.
6. Schutzgesetze für Leben und Gesundheit der Arbeiter Sanitätliche Kontrolle der Arbeiterwohnungen. Ueberwachung der Bergwerke, der Fabrik-, Werkstatt- und Hausindustrie durch von den Arbeitern gewählte Beamte Ein wirksames Haftpflichtgesetz.
7. Regelung der Gefängnisarbeit.
8. Volle Selbstverwaltung für alle Arbeiterhilfs- und Unterstützungskassen."

i) Programm der Sozialdemokratischen Partei Deutschlands.
(Beschlossen auf dem Parteitage zu Erfurt 1891.)

„Die ökonomische Entwicklung der bürgerlichen Gesellschaft führt mit Naturnotwendigkeit zum Untergang des Kleinbetriebes, dessen Grundlage das Privateigentum des Arbeiters an seinen Produktionsmitteln bildet. Sie trennt den Arbeiter von seinen Produktionsmitteln und verwandelt ihn in einen besitzlosen Proletarier, indes die Produktionsmittel das Monopol einer verhältnismäßig kleinen Zahl von Kapitalisten und Großgrundbesitzern werden.

Hand in Hand mit dieser Monopolisierung der Produktionsmittel geht die Verdrängung der zersplitterten Kleinbetriebe durch kolossale Großbetriebe, geht die Entwicklung des Werkzeugs zur Maschine, geht ein riesenhaftes Wachstum der Produktivität der menschichen Arbeit. Aber alle Vorteile dieser Umwandlung werden von den Kapitalisten und Großgrundbesitzern monopolisiert. Für das Proletariat und die versinkenden Mittelschichten — Kleinbürger, Bauern — bedeutet sie wachsende Zunahme der Unsicherheit ihrer Existenz, des Elends, des Drucks, der Knechtung, der Erniedrigung, der Ausbeutung.

Immer größer wird die Zahl der Proletarier, immer massenhafter die Armee der überschüssigen Arbeiter, immer schroffer der Gegensatz zwischen Ausbeutern und Ausgebeuteten, immer erbitterter der Klassenkampf zwischen Bourgeoisie und Proletariat, der die moderne Gesellschaft in zwei feindliche Heerlager trennt und das gemeinsame Merkmal aller Industrieländer ist.

Der Abgrund zwischen Besitzenden und Besitzlosen wird noch erweitert durch die im Wesen der kapitalistischen Produktionsweise begründeten Krisen, die immer umfangreicher und verheerender werden, die allgemeine Unsicherheit zum Normalzustand der Gesellschaft erheben und den Beweis liefern, daß die Produktivkräfte der heutigen Gesellschaft über den Kopf gewachsen sind, daß das Privateigentum an Produktionsmitteln unvereinbar geworden ist mit deren zweckentsprechender Anwendung und voller Entwicklung.

Das Privateigentum an Produktionsmitteln, welches ehedem das Mittel war, dem Produzenten das Eigentum in seinem Produkt zu sichern, ist heute zum Mittel geworden, Bauern, Handwerker und Kleinhändler zu expropriieren und die Nichtarbeiter — Kapitalisten, Großgrundbesitzer — in den Besitz des Produkts der Arbeiter zu setzen. Nur die Verwandlung des kapitalistischen Privateigentums an Produktionsmitteln — Grund und Boden, Gruben und Bergwerke, Rohstoffe, Werkzeuge, Maschinen, Verkehrsmittel — in gesellschaftliches Eigentum und die Umwandlung der Warenproduktion in sozialistische, für und durch die Gesellschaft betriebene Produktion kann es bewirken, daß der Großbetrieb und die stets wachsende Ertragsfähigkeit der gesellschaftlichen Arbeit für die bisher ausgebeuteten Klassen aus einer Quelle des Elends und der Unterdrückung zu einer Quelle der höchsten Wohlfahrt und allseitiger harmonischer Vervollkommnung werde.

Diese gesellschaftliche Umwandlung bedeutet die Befreiung nicht bloß des Proletariats, sondern des gesamten Menschengeschlechts, das unter den heutigen Zuständen leidet. Aber sie kann nur das Werk der Arbeiterklasse sein, weil alle anderen Klassen, trotz der Interessenstreitigkeiten unter sich, auf dem Boden des Privateigentums an Produktionsmitteln stehen und die Erhaltung der Grundlagen der heutigen Gesellschaft zum gemeinsamen Ziel haben.

Der Kampf der Arbeiterklasse gegen die kapitalistische Ausbeutung ist notwendigerweise ein politischer Kampf. Die Arbeiterklasse kann ihre ökonomischen Kämpfe nicht führen und ihre ökonomische Organisation nicht entwickeln ohne politische Rechte. Sie kann den Uebergang der Produktionsmittel in den Besitz der Gesamtheit nicht bewirken, ohne in den Besitz der politischen Macht gekommen zu sein.

Diesen Kampf der Arbeiterklasse zu einem bewußten und einheitlichen zu gestalten und ihm sein naturnotwendiges Ziel zu weisen — das ist die Aufgabe der Sozialdemokratischen Partei.

Die Interessen der Arbeiterklasse sind in allen Ländern mit kapitalistischer Produktionsweise die gleichen. Mit der Ausdehnung des Weltverkehrs und der Produktion für den Weltmarkt wird die Lage der Arbeiter eines jeden Landes immer abhängiger von der Lage der Arbeiter in den anderen Ländern. Die Befreiung der Arbeiterklasse ist also ein Werk, an dem die Arbeiter aller Kulturländer gleimäßig beteiligt sind. In dieser Erkenntnis fühlt und erklärt die Sozialdemokratische Partei Deutschlands sich eins mit den klassenbewußten Arbeitern aller übrigen Länder.

Die Sozialdemokratische Partei Deutschlands kämpft also nicht für neue Klassenprivilegien und Vorrechte, sondern für die Abschaffung der Klassenherrschaft und der Klassen selbst und für gleiche Rechte und gleiche Pflichten aller ohne Unterschied des Geschlechts und der Abstammung. Von diesen Anschauungen ausgehend bekämpft sie in der heutigen Gesellschaft nicht bloß die Ausbeutung und Unterdrückung der Lohnarbeiter, sondern jede Art der Ausbeutung und Unterdrückung, richte sie sich gegen eine Klasse, eine Partei, ein Geschlecht oder eine Rasse.

Ausgehend von diesen Grundsätzen fordert die Sozialdemokratische Partei Deutschlands zunächst:

1. Allgemeines, gleiches, direktes Wahl- und Stimmrecht mit geheimer Stimmabgabe aller über 20 Jahre alten Reichsangehörigen ohne Unterschied des Geschlechts für alle Wahlen und Abstimmungen. Proportionalwahlsystem, und bis zu dessen Einführung gesetzliche Neueinteilung der Wahlkreise nach jeder Volkszählung. Zweijährige Gesetzesperioden. Vornahme der Wahlen und Abstimmungen an einem gesetzlichen Ruhetage. Entschädigung für die gewählten Vertreter. Aufhebung jeder Beschränkung politischer Rechte außer im Falle der Entmündigung.

2. Direkte Gesetzgebung durch das Volk vermittelst des Vorschlags- und Verwerfungsrechts. Selbstbestimmung und Selbstverwaltung des Volks in Reich, Staat, Provinz und Gemeinde. Wahl der Behörden durch das Volk, Verantwortlichkeit und Haftbarkeit derselben. Jährliche Steuerbewilligung.

3. Erziehung zur allgemeinen Wehrhaftigkeit. Volkswehr an Stelle der stehenden Heere. Entscheidung über Krieg und Frieden durch die Volksvertretung. Schlichtung aller internationalen Streitigkeiten auf schiedsgerichtlichem Wege.
4. Abschaffung aller Gesetze, welche die freie Meinungsäußerung und das Recht der Vereinigung und Versammlung einschränken oder unterdrücken.
5. Abschaffung aller Gesetze, welche die Frau in öffentlich- und privatrechtlicher Beziehung gegenüber dem Manne benachteiligen.
6. Erklärung der Religion zur Privatsache. Abschaffung aller Aufwendungen aus öffentlichen Mitteln zu kirchlichen und religiösen Zwecken. Die kirchlichen und religiösen Gemeinschaften sind als private Vereinigungen zu betrachten, welche ihre Angelegenheiten vollkommen selbständig ordnen.
7. Weltlichkeit der Schule. Obligatorischer Besuch der öffentlichen Volksschulen. Unentgeltlichkeit des Unterrichts, der Lehrmittel und der Verpflegung in den öffentlichen Volksschulen, sowie in den höheren Bildungsanstalten für diejenigen Schüler und Schülerinnen, die kraft ihrer Fähigkeiten zur weiteren Ausbildung geeignet erachtet werden.
8. Unentgeltlichkeit der Rechtspflege und des Rechtsbeistandes. Rechtsprechung durch vom Volk gewählte Richter. Berufung in Strafsachen. Entschädigung unschuldig Angeklagter, Verhafteter und Verurteilter. Abschaffung der Todesstrafe.
9. Unentgeltlichkeit der ärztlichen Hilfeleistung einschließlich der Geburtshilfe und der Heilmittel. Unentgeltlichkeit der Totenbestattung.
10. Stufenweis steigende Einkommen- und Vermögenssteuer zur Bestreitung aller öffentlichen Ausgaben, soweit diese durch Steuern zu decken sind. Selbsteinschätzungspflicht. Erbschaftssteuer, stufenweise steigend nach Umfang des Erbguts und nach dem Grade der Verwandtschaft. Abschaffung aller indirekten Steuern, Zölle und sonstigen wirtschaftspolitischen Maßnahmen, welche die Interessen der Allgemeinheit den Interessen einer bevorzugten Minderheit opfern.

Zum Schutze der Arbeiterklasse fordert die Sozialdemokratische Partei Deutschlands zunächst:

1. Eine wirksame nationale und internationale Arbeiterschutzgesetzgebung auf folgender Grundlage:
   a) Festsetzung eines höchstens acht Stunden betragenden Normalarbeitstages.
   b) Verbot der Erwerbsarbeit für Kinder unter vierzehn Jahren.
   c) Verbot der Nachtarbeit, außer für solche Industriezweige, die ihrer Natur nach aus technischen Gründen oder aus Gründen der öffentlichen Wohlfahrt Nachtarbeit erheischen.
   d) Eine ununterbrochene Ruhepause von mindestens 36 Stunden in jeder Woche für jeden Arbeiter.
   e) Verbot des Trucksystems.
2. Ueberwachung aller gewerblichen Betriebe, Erforschung und Regelung der Arbeitsverhältnisse in Stadt und Land durch ein Reichs-Arbeitsamt, Bezirks-Arbeitsämter und Arbeitskammern. Durchgreifende gewerbliche Hygiene.
3. Rechtliche Gleichstellung der landwirtschaftlichen Arbeiter und Dienstboten mit den gewerblichen Arbeitern; Beseitigung der Gesindeordnungen.
4. Sicherstellung des Koalitionsrechts.
5. Uebernahme der gesamten Arbeiterversicherung durch das Reich mit maßgebender Mitwirkung der Arbeiter an der Verwaltung."

k) Programm der Sozialdemokratischen Partei Deutschlands [3])
beschlossen zu Görlitz 1921

„Die Sozialdemokratische Partei Deutschlands ist die Partei des arbeitenden Volkes [!] in Stadt und Land. Sie erstrebt die Zusammenfassung aller körperlich und geistig Schaffenden, die auf den Ertrag eigener Arbeit angewiesen sind, zu gemeinsamen Erkenntnissen und Zielen, zur Kampfgemeinschaft für Demokratie und Sozialismus.

Die kapitalistische Wirtschaft hat den wesentlichen Teil der durch die moderne Technik gewaltig entwickelten Produktions-

---

[3]) Das kritische Lesen der beiden letzten SPD-Programme haben wir durch Ausrufezeichen hinter einigen besonders auffälligen Formulierungen zu erleichtern gesucht.

mittel unter die Herrschaft einer verhältnismäßig kleinen Zahl von Großbesitzern gebracht, sie hat breite Massen der Arbeiter von den Produktionsmitteln getrennt und in besitzlose Proletarier verwandelt. Sie hat die wirtschaftliche Ungleichheit gesteigert und einer kleinen, in Ueberfluß lebenden Minderheit weite Schichten entgegengestellt, die in Not und Elend verkümmern. Sie hat damit den Klassenkampf für die Befreiung des Proletariats zur geschichtlichen Notwendigkeit und zur sittlichen Forderung gemacht.

Der Weltkrieg und die ihn abschließenden Friedensdiktate haben diesen Prozeß noch verschärft. Sie haben die Konzentration der Betriebe und des Kapitals beschleunigt, die Kluft zwischen Kapital und Arbeit, Reichtum und Armut erweitert. In Industrie- und Bankwesen, in Handel und Verkehr hat eine neue Epoche der Angliederungen und Verschmelzungen, der Kartellierungen und Vertrustungen eingesetzt. Während rücksichtsloses Gewinnstreben eine neue Bourgeoisie von Kriegslieferanten und Spekulanten emporhob, sanken kleine und mittlere Besitzer, Scharen geistiger Arbeiter, Beamte, Angestellte, Künstler, Schriftsteller, Lehrer, Angehörige aller Art der freien Berufe zu proletarischen Lebensbedingungen hinab. Korrumpierung des öffentlichen Lebens, wachsende Abhängigkeit der bürgerlichen Presse von übermächtigen Wirtschaftsdiktatoren, die auf diese Weise den Staat unter ihre Botmäßigkeit zu bringen versuchen [!], sind unausbleibliche Folgen.

Die Entwicklung zum Hochkapitalismus hat das Streben nach Beherrschung der Weltwirtschaft durch imperialistische Machterweiterung noch gesteigert. Sie hat ebenso wie die unbefriedigende Lösung der nationalen und wirtschaftlichen Weltprobleme durch die geltenden Friedensverträge die Gefahr neuer blutiger Konflikte heraufbeschworen, die den Zusammenbruch der menschlichen Kultur herbeizuführen drohen.

Zugleich hat der Weltkrieg morsche Herrschaftssysteme hinweggefegt. Politische Umwälzungen haben den Massen die Rechte der Demokratie gegeben, deren sie zu ihrem sozialen Aufstieg bedürfen. Eine gewaltig erstarkte Arbeiterbewegung, groß geworden durch die ruhmvolle opferreiche Arbeit von Generationen, stellt sich dem Kapitalismus als ebenbürtiger Gegner. Mächtiger denn je erhebt sich der Wille, das kapitalistische System zu überwinden und durch internationalen Zusammenschluß des Proletariats, durch Schaffung einer zwischenstaatlichen Rechtsordnung, eines wahren Bundes gleichberechtigter Völker, die Menschheit vor neuer kriegerischer Vernichtung zu schützen.

Diesem Willen den Weg zu weisen, den notwendigen Kampf der schaffenden Massen zu einem bewußten und einheitlichen zu gestalten, ist die Aufgabe der Sozialdemokratischen Partei. Die Sozialdemokratische Partei ist entschlossen, zum Schutz der errungenen Freiheit das Letzte einzusetzen. Sie betrachtet die demokratische Republik als die durch die geschichtliche Entwicklung unwiderruflich gegebene Staatsform [!], jeden Angriff auf sie als ein Attentat auf die Lebensrechte des Volkes.

Die Sozialdemokratische Partei kann sich aber nicht darauf beschränken, die Republik vor den Anschlägen ihrer Feinde zu schützen. Sie kämpft um die Herrschaft des im freien Volksstaat organisierten Volkswillens über die Wirtschaft, um die Erneuerung der Gesellschaft im Geiste sozialistischen Gemeinsinns. Die Ueberführung der großen konzentrierten Wirtschaftsbetriebe in die Gemeinschaft und darüber hinaus die fortschreitende Umformung der gesamten kapitalistischen Wirtschaft zur sozialistischen, zum Wohl der Gesamtheit betriebenen Wirtschaft erkennt sie als notwendige Mittel, um das schaffende Volk aus den Fesseln der Kapitalherrschaft zu befreien, die Produktionserträge zu steigern, die Menschheit zu höheren Formen wirtschaftlicher und sittlicher Gemeinschaft emporzuführen.

In diesem Sinne erneuert die Sozialdemokratische Partei Deutschlands ihr im Erfurter Programm niedergelegtes Bekenntnis: Sie kämpft nicht für neue Klassenprivilegien und Vorrechte, sondern für die Abschaffung der Klassenherrschaft und der Klassen selbst und für gleiche Rechte und gleiche Pflichten aller, ohne Unterschied des Geschlechts und der Abstammung. Sie führt diesen Kampf in dem Bewußtsein, daß er das Schicksal der Menschheit entscheidet, in nationaler wie in internationaler Gemeinschaft, in Reich, Staat und Gemeinde, in Gewerkschaften und Genossenschaften, in Werkstatt und Haus.

Für diesen Kampf gelten die folgenden Forderungen:

Wirtschaftspolitik.

Grund und Boden, die Bodenschätze sowie die natürlichen Kraftquellen, die der Energieerzeugung dienen, sind der kapitalistischen Ausbeutung zu entziehen und in den Dienst der Volksgemeinschaft zu überführen. Gesetzliche Maßnahmen gegen die Extensivierung oder das gänzliche Unbenutztlassen landwirtschaftlicher Bodenflächen oder deren Verschwendung zu privaten Luxuszwecken. Kontrolle des Reichs über den kapitalistischen Besitz an Produktionsmitteln, vor allem über die Interessengemeinschaften, Kartelle und Trusts. Fortschreitender Ausbau der Betriebe des Reichs, der Länder und der öffentlichen Körperschaften unter demokratischer Verwaltung und unter Vermeidung der Bürokratisierung. Förderung der nicht auf Erzielung eines Profits gerichteten Genossenschaften. Ausgestaltung des wirtschaftlichen Rätesystems zu einer Vertretung der sozialen und wirtschaftspolitischen Interessen der Arbeiter, Angestellten und Beamten.

Sozialpolitik.

Einheitliches Arbeitsrecht. Sicherung des Koalitionsrechts. Wirksamer Arbeiterschutz: Gesetzliche Festlegung eines Arbeitstages von höchstens acht Stunden, Herabsetzung dieser Arbeitszeit in Betrieben mit erhöhten Gefahren für Leben und Gesundheit. Aeußerste Einschränkung der Nachtarbeit für Männer. Verbot der Nachtarbeit für Frauen und Jugendliche. Verbot der Arbeit von Frauen und Jugendlichen in besonders gesundheitsschädlichen Betrieben sowie an Maschinen mit besonderer Unfallgefahr. Verbot jeder Erwerbsarbeit schulpflichtiger Kinder. Ueberwachung aller Betriebe und Unternehmungen. Eine wöchentlich ununterbrochene Ruhepause von mindestens 42 Stunden. Jährlicher Urlaub unter Fortzahlung des Lohnes. Unterstützung aller Bestrebungen zur Beseitigung der Uebelstände der Heimarbeit und ihre Aufhebung, wo es ohne schwere wirtschaftliche Schädigung der Heimarbeiter möglich ist. Umbau der sozialen Versicherung zu einer allgemeinen Volksfürsorge. Auf diesen Grundlagen Förderung des internationalen Arbeiterschutzes.

Allgemeines Recht der Frauen auf Erwerb.

Sicherung und Ausbau der staatsbürgerlichen und wirtschaftlichen Rechte der Beamten.

Planmäßige, den sozialen Bedürfnissen der Arbeiterklasse angepaßte Bevölkerungspolitik. Besondere Fürsorge für kinderreiche Familien.

Finanzen.

Sicherung und Weiterbildung der Einkommens-, Vermögens- und Erbschaftssteuern, ihre Anpassung an die Wertveränderungen und an die Leistungsfähigkeit des werbenden Kapitals.

Erbrecht des Reichs bei entfernteren Verwandtschaftsgraden, Pflichtteil des Reichs, abgestuft nach der Zahl der Erben. Wirksame Verfolgung der Steuerhinterziehung und Kapitalflucht. Schonung der Arbeitskraft und Belastung jedes verschwenderischen Ueberverbrauchs. Beteiligung der öffentlichen Gewalten am Vermögen der kapitalistischen Erwerbsunternehmungen.

Verfassung und Verwaltung.

Sicherung der demokratischen Republik. Festigung der Reichseinheit. Ausbau des Reichs zum organisch gegliederten Einheitsstaat. Selbstverwaltung der Gemeinden und der zu höheren Selbstverwaltungskörpern gesetzlich organisierten Gemeindeverbände (Kreise, Bezirke, Provinzen). Ueberordnung der demokratischen Volksvertretung über die berufsständischen Organisationen. Demokratisierung aller staatlichen Einrichtungen. Vollständige verfassungsmäßige und tatsächliche Gleichstellung aller über 20 Jahre alten Staatsbürger ohne Unterschied des Geschlechts, der Herkunft und der Religion.

Gemeindepolitik.

Schaffung einer einheitlichen Gemeindeordnung für Stadt und Land sowie eines einheitlichen Gemeindevertreterkörpers. Initiative und Volksabstimmung in den Gemeinden. Unterstellung aller Gemeindebeamten unter die Gemeindevertretung. Wahl der Bürgermeister auf Zeit. Bildung und Förderung großer und leistungsfähiger Kommunaleinheiten. Beschränkung des staatlichen Aufsichtsrechts auf das Recht der Beanstandung ungesetzlicher Verwaltungsakte der Gemeinden, Beseitigung des Bestätigungsrechts der Aufsichtsbehörden für Gemeindeorgane. Reichsgesetzliche Freigabe der kommunalen Sozialisierung.

Rechtspflege.

Ueberwindung der herrschenden privatrechtlichen durch eine soziale Rechtsauffassung. Unterordnung des Vermögensrechts unter das Recht der Person und das Recht der sozialen Gemeinschaft. Kampf gegen Klassenjustiz, entscheidende Mitwirkung gewählter Volksrichter in allen Zweigen der Justiz. Erziehung zu allgemeiner Rechtskenntnis, volkstümliche Gesetzessprache. Zusammensetzung des Richterstandes aus allen Volksklassen, Mitwirkung der Frauen in allen Justizämtern. Neuordnung des juristischen Bildungsganges in sozialistischem Geiste. Uebertragung der gesamten Justiz auf das Reich. Berufung in Strafsachen. Reichsgesetzliche Regelung des Strafvollzugs. Schutz- und Erziehungs-, nicht Vergeltungsstrafrecht. Abschaffung der Todesstrafe.

Kultur- und Schulpolitik.

Recht aller Volksgenossen an den Kulturgütern. Oberstes Erziehungsrecht der Volksgemeinschaft.

Religion ist Privatsache, Sache innerer Ueberzeugung, nicht Parteisache [!], nicht Staatssache: Trennung von Staat und Kirche.

Ausgestaltung der Schule zur weltlichen Einheitsschule. Unentgeltlichkeit des Schulunterrichts, der Lernmittel und der Verpflegung in den Schulen.

Umwandlung der Schulen in Lebens- und Arbeitsgemeinschaften der Jugend mit weitgehender Selbstverwaltung. Gemeinsame Erziehung beider Geschlechter durch beide Geschlechter. Mitarbeit pädagogisch hervorragend begabter Laien, verantwortliche Mitwirkung der Eltern an der Schulerziehung und Schulaufsicht durch Elternräte.

Erziehung des heranwachsenden Menschen in der Familie, in der Schule und der freien Jugendbewegung zum bewußten Glied der sozialen Volks- und Menschheitsgemeinschaft, zu den Idealen der Republik, der sozialen Pflichterfüllung und des Weltfriedens.

Jugendhilfe (als selbständiges öffentliches Arbeitsgebiet mit eigenen beamteten Organen), beginnend mit dem werdenden Kinde und endend mit dem Eintritt der Volljährigkeit,.

Bildungsstätten für erwachsene Volksgenossen als freie Arbeitsgemeinschaften zum Aufbau einer lebendigen Volkskultur.

Völkerbeziehungen und Internationale.

Internationaler Zusammenschluß der Arbeiterklasse auf demokratischer Grundlage [!] als beste Bürgschaft des Friedens.

Ein Völkerbund, der kein die Völkerbundssatzungen anerkennendes Volk ausschließt und in dem die Parlamente aller Länder durch Delegierte nach der Stärke der Parteien vertreten sind. Ausbau des Völkerbundes zu einer wahrhaften Arbeits-, Rechts- und Kulturgemeinschaft. Entscheidung aller internationalen Streitigkeiten durch ein internationales Gericht. Selbstbestimmung der Völker im Rahmen des für alle gleichmäßig geltenden internationalen Rechts [!]. Völkerrechtlicher Schutz aller nationalen Minderheiten nach dem Grundsatz vollkommener Gegenseitigkeit. Internationale Abrüstung unter Garantie des Völkerbundes, Herabsetzung der Wehrmacht in allen Staaten auf das Maß, das die innere Sicherheit der Staaten und die Erzwingung internationaler Verpflichtungen durch gemeinschaftliches Vorgehen des Völkerbundes erfordert. Unterstellung aller Kolonien und Schutzgebiete unter die Oberhoheit des Völkerbundes [!]. Durchführung des Grundsatzes der Offenen Tür für alle wirtschaftlichen Austauschgebiete. Demokratisierung und Vereinfachung der diplomatischen Vertretungen der Staaten.

Revision des Friedensvertrages von Versailles im Sinne wirtschaftlicher Erleichterung und Anerkennung der nationalen Lebensrechte."

l) Programm der Sozialdemokratischen Partei Deutschlands
(Beschlossen auf dem Heidelberger Parteitag 1925.)

„Die ökonomische Entwicklung hat mit innerer Gesetzmäßigkeit zum Erstarken des kapitalistischen Großbetriebes geführt, der in Industrie, Handel und Verkehr immer mehr den Kleinbetrieb zurückdrängt und seine soziale Bedeutung verringert [!]. Mit der immer stärker werdenden Entfaltung der Industrie wächst die industrielle Bevölkerung ständig im Verhältnis zur landwirtschaftlichen. Das Kapital hat die Massen der Produzenten von dem Eigentum an ihren Produktionsmitteln getrennt und den Arbeiter in einen besitzlosen Proletarier verwandelt. Ein großer Teil des Grund und Bodens befindet sich in den Händen des Großgrundbesitzes, des natürlichen Verbündeten des Großkapitals. So sind die ökonomisch entscheidenden Produktionsmittel zum Monopol einer verhältnismäßig kleinen Zahl von Kapitalisten geworden, die damit die wirtschaftliche Herrschaft über die Gesellschaft erhalten.

Zugleich wächst mit dem Vordringen der Großbetriebe in der Wirtschaft Zahl und Bedeutung der Angestellten und Intellektuellen jeder Art. Sie üben in dem vergesellschafteten Arbeitsprozeß die Leitungs-, Ueberwachungs-, Organisations- und Verteilungsfunktionen aus, sie fördern durch wissenschaftliche Forschung die Produktionsmethoden. Mit dem Anwachsen ihrer Zahl verlieren sie immer mehr die Möglichkeit des Aufstiegs in privilegierte Stellungen, und ihre Interessen stimmen in steigendem Maße mit denen der übrigen Arbeiterschaft überein.

Mit der Entwicklung der Technik und der Monopolisierung der Produktionsmittel wächst riesenhaft die Produktivität der menschlichen Arbeit. Aber Großkapital und Großgrundbesitz suchen [!] die Ergebnisse des gesellschaftlichen Arbeitsprozesses für sich zu monopolisieren. Nicht nur den Proletariern, sondern auch den Mittelschichten wird der volle Anteil [!] an dem materiellen und kulturellen Fortschritt vorenthalten, den die gesteigerten Produktivkräfte ermöglichen.

Ununterbrochen sind im Kapitalismus Tendenzen [!] wirksam, die arbeitenden Schichten in ihrer Lebenshaltung zu drücken. Nur durch steten Kampf ist es ihnen möglich, sich vor zunehmender Erniedrigung zu bewahren und ihre Lage zu verbessern [!]. Dazu gesellt sich hochgradige Unsicherheit der Existenz, die stets drohende Arbeitslosigkeit. Diese wird besonders qualvoll und erbitternd in Zeiten der Krisen, die jedem wirtschaftlichen Aufschwung folgen und in der Anarchie der kapitalistischen Produktionsweise begründet sind.

Das kapitalistische Monopolstreben führt zur Zusammenfassung von Industriezweigen, zur Verbindung aufeinanderfolgender Produktionsstufen und zur Organisierung der Wirtschaft in Kartelle und Trusts. Dieser Prozeß vereinigt Industriekapital, Handelskapital und Bankkapital zum Finanzkapital.

Einzelne Kapitalistengruppen werden so zu übermächtigen Beherrschern der Wirtschaft, die nicht nur die Lohnarbeiter, sondern die ganze Gesellschaft in ihre ökonomische Abhängigkeit bringen.

Mit der Zunahme seines Einflusses benutzt das Finanzkapital die Staatsmacht zur Beherrschung auswärtiger Gebiete als Absatzmärkte, Rohstoffquellen und Stätten für Kapitalsanlagen. Dieses imperialistische Machtbestreben bedroht die Gesellschaft ständig mit Konflikten und mit Kriegsgefahr. Doch mit dem Druck und den Gefahren des Hochkapitalismus steigt auch der Widerstand der stets wachsenden Arbeiterklasse, die durch den Mechanismus des kapitalistischen Produktionsprozesses selbst, sowie durch stete Arbeit der Gewerkschaften und der Sozialdemokratischen Partei geschult und vereint wird. Immer größer wird die Zahl der Proletarier, immer schroffer der Gegensatz zwischen Ausbeutern und Ausgebeuteten, immer erbitterter der Klassenkampf zwischen den kapitalistischen Beherrschern der Wirtschaft und den Beherrschten. Indem die Arbeiterklasse für ihre eigene Befreiung kämpft vertritt sie das

Gesamtinteresse der Gesellschaft gegenüber dem kapitalistischen Monopol. Eine gewaltig erstarkte Arbeiterbewegung, groß geworden durch die opferreiche Arbeit von Generationen, stellt sich dem Kapitalismus als ebenbürtiger Gegner gegenüber. Mächtiger denn je ersteht der Wille, das kapitalistische System zu überwinden und durch internationalen Zusammenschluß des Proletariats, durch Schaffung einer internationalen Rechtsordnung, eines wahren Bundes gleichberechtigter Völker, die Menschheit vor kriegerischer Vernichtung zu schützen.

Das Ziel der Arbeiterklasse kann nur erreicht werden durch die Verwandlung des kapitalistischen Privateigentums an den Produktionsmitteln in gesellschaftliches Eigentum. Die Umwandlung der kapitalistischen Produktion in sozialistische für und durch die Gesellschaft betriebene Produktion wird bewirken, daß die Entfaltung und Steigerung der Produktivkräfte zu einer Quelle der höchsten Wohlfahrt und allseitiger Vervollkommnung wird. Dann erst wird die Gesellschaft aus der Unterwerfung unter blinde Wirtschaftsmacht und aus allgemeiner Zerrissenheit zu freier Selbstverwaltung in harmonischer Solidarität emporsteigen.

Der Kampf der Arbeiterklasse gegen die kapitalistische Ausbeutung ist nicht nur ein wirtschaftlicher, sondern notwendigerweise ein politischer Kampf. Die Arbeiterklasse kann ihren ökonomischen Kampf nicht führen und ihre wirtschaftliche Organisation nicht voll entwickeln ohne politische Rechte. In der demokratischen Republik besitzt sie die Staatsform, deren Erhaltung und Ausbau für ihren Befreiungskampf eine unerläßliche Notwendigkeit ist [!]. Sie kann die Vergesellschaftung der Produktionsmittel nicht bewirken, ohne in den Besitz der politischen Macht gekommen zu sein.

Der proletarische Befreiungskampf ist ein Werk, an dem die Arbeiter aller Länder beteiligt sind. Die Sozialdemokratische Partei Deutschlands ist sich der internationalen Solidarität des Proletariats bewußt und entschlossen, alle Pflichten zu erfüllen, die ihr daraus erwachsen. Dauernde Wohlfahrt der Nationen ist heute nur erreichbar durch ihr solidarisches Zusammenwirken.

Die Sozialdemokratische Partei kämpft nicht für neue Klassenprivilegien und Vorrechte, sondern für die Abschaffung der Klassenherrschaft und der Klassen selbst, für gleiche Rechte und Pflichten aller, ohne Unterschied des Geschlechts und der Abstammung. Von dieser Anschauung ausgehend, bekämpft sie nicht bloß die Ausbeutung und Unterdrückung der Lohnarbeiter, sondern die Art der Ausbeutung und Unterdrückung, richte sie sich gegen ein Volk, eine Klasse, eine Partei, ein Geschlecht oder eine Rasse.

Den Befreiungskampf der Arbeiterklasse zu einem bewußten und einheitlichen zu gestalten und ihm sein notwendiges Ziel zu weisen, ist die Aufgabe der Sozialdemokratischen Partei. In ständigem Ringen und Wirken auf politischem, wirtschaftlichem, sozialem und kulturellem Gebiet strebt sie zu ihrem Endziel.

Aktionsprogramm.
Verfassung.

Die demokratische Republik ist der günstigste Boden für den Befreiungskampf der Arbeiterklasse und damit für die Verwirklichung des Sozialismus [!]. Deshalb schützt die Sozialdemokratische Partei die Republik und tritt für ihren Ausbau ein. Sie fordert:

Das Reich ist in eine Einheitsrepublik auf Grundlage der dezentralisierten Selbstverwaltung umzuwandeln. Auf dem organisch neu zu gliedernden Unterbau der Gemeinden und Länder erhebt sich eine starke Reichsgewalt, die in Gesetz und Verwaltung die für eine einheitliche Führung und den Zusammenhalt des Reiches notwendigen Befugnisse besitzt.

Ausdehnung der unmittelbaren Reichsverwaltung auf die Justiz: Alle Gerichte werden Gerichte des Reichs. Für die Sicherheitspolizei sind im Wege der Gesetzgebung einheitliche Grundsätze aufzustellen. Eine einheitliche Reichskriminalpolizei ist zu schaffen.

Abwehr aller monarchistischen und militaristischen Bestrebungen, Umgestaltung der Reichswehr zu einem zuverlässigen Organ der Republik [!].

Vollständige Verwirklichung der verfassungsmäßigen Gleichstellung aller Staatsbürger ohne Unterschied des Geschlechts, der Herkunft, der Religion und des Besitzes.

Verwaltung.

Ziel der sozialdemokratischen Verwaltungspolitik ist die Ersetzung der aus dem Obrigkeitsstaat übernommenen polizeistaatlichen Exekutive durch eine Verwaltungsorganisation, die das Volk auf Grundlage der demokratischen Selbstverwaltung zum Träger der Verwaltung macht. Darum wird gefordert:

Demokratisierung der Verwaltung.

Reichsgesetzliche Vereinheitlichung der Länderverwaltung.

Die Grundsätze der Verwaltung bestimmt das Reich. Die Durchführung obliegt den Selbstverwaltungskörpern, soweit es sich nicht um Angelegenheiten handelt, die wegen ihrer zentralen Natur der unmittelbaren Verwaltung durch das Reich bedürfen.

Den örtlichen und provinzialen Besonderheiten ist im Wege der Rahmengesetzgebung Spielraum zu lassen.

Ein reichsrechtliches Landesverwaltungsgesetz regelt gleichmäßig für alle Länder die Gliederung und die Zuständigkeit der staatlichen Verwaltungsbezirke und der Verwaltungsorgane.

Eine Reichsgemeindeordnung hat für Gemeinden und Gemeindeverbände (Landgemeinden, Städte, Kreise, Provinzen) einheitliches Recht zu schaffen. Das Einkammersystem ist für alle Selbstverwaltungskörper durchzuführen. Die Wahl der Bürgermeister ist auf Zeit festzusetzen. Die Selbstverwaltungskörper erledigen die Geschäfte ihres Verwaltungsbereichs im Rahmen der Reichs- und Landesgesetze selbständig und unter eigener Verantwortung. Für Fragen von allgemeinem öffentlichen Interesse sind Volksbegehren und Volksabstimmung in den Gemeinden einzuführen.

Die Reichskontrolle über die Verwaltung, insbesondere der Schutz des Staatsbürgers gegen die in seine Rechtssphäre eingreifenden Verwaltungsakte, ist durch unabhängig im Instanzenweg gegliederte Verwaltungsgerichte zu gewährleisten. Das Reichsverwaltungsgericht hat gleichzeitig die Aufgabe eines Oberverwaltungsgerichts in allen Landessachen.

Durch ein Reichskommunalisierungs- und ein Reichsenteignungsgesetz sind den Gemeinden und Gemeindeverbänden die für die Durchführung und Ausdehnung der kommunalen Gemeinwirtschaft erforderlichen Befugnisse und Machtmittel einzuräumen. Die Form der Verwaltung ist so zu gestalten, daß einerseits die Betriebe in ihrer Wirtschaftsführung von bureaukratischen Fesseln befreit werden, andererseits aber das unbeschränkte Bestimmungsrecht der öffentlichen Körperschaften gewahrt bleibt.

Für alle Beamten und Angestellten der öffentlichen Körperschaften ist ein einheitliches Dienstrecht zu schaffen, das Auswahl, Stellung, Beförderung, Interessenvertretung und Schutz nach demokratischen und sozialen Gesichtspunkten ordnet.

Justiz.

Die Sozialdemokratische Partei bekämpft jede Klassen- und Parteijustiz und tritt ein für eine mit sozialem Geiste erfüllte Rechtsordnung [!] und Rechtspflege unter entscheidender Mitwirkung gewählter Laienrichter in allen Zweigen und auf allen Stufen der Justiz.

Insbesondere fordert sie:

Im bürgerlichen Recht Unterordnung des Vermögensrechtes unter das Recht der sozialen Gemeinschaft, Erleichterung der Ehescheidung, Gleichstellung der Frau mit dem Manne, Gleichstellung der unehelichen Kinder mit den ehelichen.

Im Strafrecht größeren Schutz der Person und der sozialen Rechte, Ersetzung des Vergeltungsprinzips durch das Prinzip der Erziehung des einzelnen und des Schutzes der Gesellschaft. Abschaffung der Todesstrafe.

Im Strafprozeß Wiederherstellung der Schwurgerichte und Ausdehnung ihrer Zuständigkeit insbesondere auf politische und Preßvergehen, Zulassung der Berufung in allen Strafsachen, Beseitigung aller die Verteidigung beeinträchtigenden Bestimmungen.

Im Untersuchungsverfahren Schutz des Inhaftierten gegen behördliche Uebergriffe, Verhaftung, außer im Falle der Ergreifung auf frischer Tat, nur auf Grund richterlichen Befehls, mündliche Verhandlung über Haftbeschwerde.

Im Strafvollzug reichsgesetzliche Regelung im Geiste der Humanität und des Erziehungsprinzips.

Sozialpolitik.

Der Schutz der Arbeiter, Angestellten und Beamten und die Hebung der Lebenshaltung der breiten Massen erfordern:

Schutz des Koalitions- und Streikrechts. Gleiches Recht der Frauen auf Erwerbsarbeit. Verbot jeder Erwerbsarbeit schulpflichtiger Kinder.

Gesetzliche Festlegung eines Arbeitstages von höchstens acht Stunden, Verkürzung dieser Arbeitszeit für Jugendliche und in Betrieben mit erhöhten Gefahren für Gesundheit und Leben. Einschränkung [!] der Nachtarbeit. Wöchentliche ununterbrochene Ruhepause von mindestens 24 Stunden. Jährlicher Urlaub unter Fortzahlung des Lohnes.

Die Sorge für die Erledigung von Notstandsarbeiten bleibt ausschließlich den Gewerkschaften überlassen.

Bekämpfung der Mißstände der Heimarbeit mit dem Ziel ihrer völligen Beseitigung unter weitgehender Fürsorge für die Betroffenen.

Ueberwachung aller Betriebe und Unternehmungen durch die Gewerbeinspektion, die unter Heranziehung von Arbeitern und Angestellten als Beamte und als Vertrauensperson zu einer Reichseinrichtung auszubauen ist.

Sicherung der Rechtsgültigkeit der Tarifverträge und Hilfeleistung bei ihrem Abschluß durch die Schlichtungsbehörden [!].

Selbständige Arbeitsgerichte, die losgelöst sind von der ordentlichen Gerichtsbarkeit.

Einheitliches Arbeitsrecht.

Vereinheitlichung der sozialen Versicherung bis zu ihrem Umbau zu einer allgemeinen Volksfürsorge. Einbeziehung der Arbeitsunfähigen und Erwerbslosen.

Umfassende, vorbeugende, heilende und vorsorgende Maßnahmen auf dem Gebiete der Volkswohlfahrt, insbesondere der Erziehungs-, Gesundheits- und Wirtschaftsfürsorge, einheitliche, reichsrechtliche Regelung der Wohlfahrtspflege, die die Mitwirkung der Arbeiterklasse in ihrer Durchführung sicherstellt.

Förderung der internationalen Verträge und Gesetzgebung.

Kultur- und Schulpolitik.

Die Sozialdemokratische Partei erstrebt die Aufhebung des Bildungsprivilegs der Besitzenden.

Erziehung, Schulung und Forschung sind öffentliche Angelegenheiten; ihre Durchführung ist durch öffentliche Mittel und Einrichtungen sicherzustellen. Unentgeltlichkeit des Unterrichts, Unentgeltlichkeit der Lehr- und Lernmittel, wirtschaftliche Versorgung der Lernenden.

Die öffentlichen Einrichtungen für Erziehung, Schulung, Bildung und Forschung sind weltlich. Jede öffentlich-rechtliche Einflußnahme von Kirche, Religions- und Weltanschauungsgemeinschaften auf diese Einrichtungen ist zu bekämpfen, Trennung von Staat und Kirche, Trennung von Schule und Kirche, weltliche Volks-, Berufs- und Hochschulen. Keine Aufwendung aus öffentlichen Mitteln für kirchliche und religiöse Zwecke.

Einheitlicher Aufbau des Schulwesens, Herstellung engster Beziehungen zwischen Werkarbeit und geistiger Arbeit auf allen Stufen.

Gemeinsame Erziehung beider Geschlechter durch beide Geschlechter.

Einheitliche Lehrerbildung auf Hochschulen.

Finanzen und Steuern.

Die Sozialdemokratische Partei Deutschlands fordert eine grundlegende, umfassende Finanzreform, die auf dem Prinzip der Quellenbesteuerung und der Lastenverteilung nach der wirtschaftlichen Leistungsfähigkeit aufgebaut ist.

Insbesondere:

Weiterbildung der Einkommen-, Vermögens- und Erbschaftssteuer.

Gleichmäßige und einheitliche Steuerveranlagung mit Offenlegung der Steuerlisten. Wirksame Verfolgung der Steuerhinterziehung, insbesondere durch obligatorische Buch- und Betriebsprüfung.

Steuerfreiheit für ein soziales Existenzminimum. Stärkste Schonung des Massenverbrauchs. Beseitigung der Umsatzsteuer.

Beteiligung der öffentlichen Gewalten am Vermögen und an der Verwaltung der kapitalistischen Erwerbsunternehmungen.

Wirtschaftspolitik.

Im Kampf gegen das kapitalistische System fordert die Sozialdemokratische Partei Deutschlands:

Grund und Boden, Bodenschätze und natürliche Kraftquellen, die der Energieerzeugung dienen, sind der kapitalistischen Ausbeutung zu entziehen und in den Dienst der Gemeinschaft zu überführen.

Ausgestaltung des wirtschaftlichen Rätesystems zur Durchführung eines Mitbestimmungsrechts der Arbeiterklasse an der Organisation der Wirtschaft unter Aufrechterhaltung des engen Zusammenwirkens mit den Gewerkschaften.

Kontrolle des Reichs über die kapitalistischen Interessengemeinschaften, Kartelle und Trusts.

Förderung der Produktionssteigerung in Industrie und Landwirtschaft [!].

Förderung des Siedlungswesens.

Abbau des Schutzzollsystems durch langfristige Handelsverträge zur Herstellung des freien Güteraustausches und des wirtschaftlichen Zusammenschlusses der Nationen.

Ausbau der Betriebe des Reichs, der Länder und der öffentlichen Körperschaften unter Vermeidung der Bureaukratisierung.

Förderung der nicht auf Erzielung eines Profits gerichteten Genossenschaften und gemeinnützigen Unternehmungen.

Förderung des gemeinnützigen Wohnungsbaues, öffentlichrechtliche Gestaltung des Mietrechtes, Bekämpfung des Bauwuchers.

Internationale Politik.

Als Mitglied der Sozialistischen Arbeiter-Internationale kämpft die Sozialdemokratische Partei Deutschlands in gemeinsamen Aktionen mit den Arbeitern aller Länder gegen imperialistische und faschistische Vorstöße und für die Verwirklichung des Sozialismus.

Sie tritt mit aller Kraft jeder Verschärfung der Gegensätze zwischen den Völkern und jeder Gefährdung des Friedens entgegen.

Sie fordert die friedliche Lösung internationaler Konflikte und ihre Austragung vor obligatorischen Schiedsgerichten.

Sie tritt ein für das Selbstbestimmungsrecht der Völker und für das Recht der Minderheiten auf demokratische und nationale Selbstverwaltung.

Sie widersetzt sich der Ausbeutung der Kolonialvölker, der gewaltsamen Zerstörung ihrer Wirtschaftsformen und ihrer Kultur.

Sie verlangt die internationale Abrüstung.

Sie tritt ein für die aus wirtschaftlichen Ursachen zwingend gewordene Schaffung der europäischen Wirtschaftseinheit, für die Bildung der Vereinigten Staaten von Europa [!], um damit zur Interessensolidarität der Völker aller Kontingente zu gelangen.

Sie fordert die Demokratisierung des Völkerbundes [!] und seine Ausgestaltung zu einem wirksamen Instrument der Friedenspolitik."

Fremdwörter-Verzeichnis

Abiturientenexamen = Reifeprüfung
absurd = widersinnig, völlig unmöglich
acceptable = annehmbar
Adoptierung = Annahme an Kindesstatt, Anerkennung
Aequivalent = Gleichwert
Alchemie = Mittelalterliche Geheimkunst mit dem Ziel der Goldmacherei
Allianz = Vereinigung
Amputation = Wegschneidung, Wegnahme
Anatomie = Wissenschaftsgebiet der Medizin, wobei durch Zerschneidung innere Organe bloßgelegt werden
Arroganz = Ueberheblichkeit, Unverschämtheit
Astrologie = Sterndeutungskunst
Assekuranz = Rücklage zu Versicherungszwecken
Association = Vereinigung
attackieren = angreifen
avanciert = vorgeschritten
aufoktroyieren = aufzwingen
Auspizien = Vorzeichen, Voraussetzungen
Basis = Grundlage
Belletristen = schöngeistige Schriftsteller
blamabel = beschämend
borniert = beschränkt
Budget = Aufstellung des Staatshaushaltes
Bureaukratie = Beamtenherrschaft
Chance = Glücksfall, Möglichkeit
Chef = Führer, Oberhaupt
definitiv = endgültig
Deklamation = feierlicher Vortrag
Demoralisation = Sittenverderbnis
denunzieren = verdächtigen, anzeigen
Departement = Bezirk
dialektisch = entwicklungsmäßig, wobei die Entwicklung als in Gegensätzen verlaufend angesehen wird
Distanz = Entfernung
distinkt = deutlich unterschieden, abgegrenzt
Distribution = Verteilung
ditto = ebenfalls
diverse = verschiedene
Dogmen = Glaubenssätze
doktrinär = lehrhaft
Dynastie = Herrscherhaus
Emanzipation = Befreiung
Emigrant = ausgewanderter politischer Flüchtling
elastisch = dehnbar
Epoche = Zeitabschnitt
eskamotieren = unterschlagen
Evolution = Entwicklung (Die Evolution schließt hier die Revolution in sich)
exakt = genau

Exil = Verbannung
Extreme = die äußersten Gegensätze
faktisch = tatsächlich
figurieren = zur Erscheinung kommen, auftreten
Fiktion = Erdichtung
Finte = Vortäuschung
fiskalisch = die Staatskasse betreffend
fixe Idee = eine das ganze Denken eines Menschen beherrschende, unveränderliche Idee
fixieren = festlegen, bestimmen
föderalistisch = bundesstaatlich
forcieren = zwingen
Gaudium = Vergnügen
Geschichtsexkurse = Wanderungen durch die Geschichte
Glosse = Bemerkung
Gögg Amand = bürgerlich-liberaler Pazifist
grassieren = im Umlauf sein
Gratisarbeit = Arbeit, noch obendrein ohne Entgelt
gravitieren = schwanken, sich bewegen
Hauptrubrik = Haupteinteilungsfach
Hegemon = Führer
Heroismus = Heldenhaftigkeit
ignorieren = übersehen, vernachlässigen
Illusion = Vorspiegelung, Wahnbild
Immobilien = unbeweglicher Besitz, Liegenschaften, Grundbesitz
Impertinenz = Frechheit
Information = Mitteilungen, Aufschluß
inkompetent = unzuständig
Inkonsequenz = Mangel an Folgerichtigkeit
inkorporiert = verkörpert, einverleibt
initiieren = beginnen, einlassen
Intensität = Anspannung
Intrige = Ränkespiel
Kabinettskrieg = von der Regierung (Kabinett) angezettelter Krieg
kalkulieren = berechnen
Kathedersozialisten = Professoren, die mit dem Sozialismus zeitweilig liebäugeln
kaudinisches Joch = ein aus Speeren gebildetes Joch, unter dem ein besiegtes römisches Heer hatte durchziehen müssen (entehrende Unterwerfung)
kokettieren = liebäugeln
komplett = vollständig
Kompliment = Schmeichelei
kompliziert = schwierig, verwickelt
Kompromiß = Zugeständnis, Vereinbarung
kompromittieren = in ein beschämendes Verhältnis bringen
konfus = verwirrt

147

Konglomerat = Zusammenfassung, Vereinigung
konservieren = für die Dauer bereiten, aufbewahren
Kontroversen = Streitigkeiten
Konzession = Zugeständnis
Kooperation = Arbeitsgemeinschaft, Zusammenarbeit
Kooperativgesellschaft = hier gleich Genossenschaft
Litanei = Gebetsgesang von langweiliger Länge
Mandat = Auftrag
Marquis Posa = eine Figur aus Schillers Don Carlos, die am Hofe Philipp II. von Spanien sich in freiheitlichen Phrasen erschöpfte
maskiert = verhüllt
Maximum = Höchstmaß
Meeting = Versammlung
Meridian = Mittagslinie, eine gedachte Linie, die, durch beide Pole der Erdkugel gehend, die Orte verbindet, die zur gleichen Zeit die Sonne in Mittagshöhe haben
Minimum = Mindestmaß
modifiziert = angepaßt
Modikum = ein bescheidenes Maß
Motivierung = Begründung
Mythologie = Götterlehre
Negation = Verneinung
Niveau = Durchschnittshöhe, bestimmter Höhengrad
Objektivität = Sachlichkeit
Operation = hier gleich Betätigung
Orthodoxie = Rechtgläubigkeit
Palliativmittel = Beschönigungsmittel, durch die keine dauernde Hilfe gewährt wird
Parole = Losung
Paroli bieten = einen Schlag abwehren, Widerstand leisten
Phrase = Redensart
Pickwicker, im Pickwickschen Sinn = Personen aus einem Dickensschen Roman, die dort als Spießbürger vorgeführt werden
Pointe = Spitze, entscheidender Punkt
polemisch = kriegerisch in der Art eines Streites

Präfekt = Vorgesetzter
prägnant = kurz und bündig ausgedrückt
Präliminarien = einleitende Vorverhandlungen
präparieren = vorbereiten
präzis = genau
proportional = verhältnismäßig
provocieren = herausfordern, veranlassen
pur = rein
räsonieren = urteilen, folgern
realiter = tatsächlich
reduzieren = auf etwas beschränken, zu rückführen
regenerieren = sich wieder herstellen, neugeboren werden
Rehabilitierung = Rechtfertigung
reproduzieren = erneut wiederherstellen, wiederholen
Reservefonds = Rücklagen für spätere Verwendung
resolut = entschieden
revidieren = nachprüfen, verbessern
Schikanen = gemeine Umtriebe, durch die eine Person geärgert oder bloßgestellt werden soll
Sektierer = Anhänger einer Sekte, d. h. hier einer engherzigen und kurzsichtigen Gesinnungsgemeinschaft
separat = getrennt
Shylock = ein jüdischer Wucherer aus Shakespeares „Kaufmann von Venedig"
Signatur = Abstempelung, Erkennungszeichen
Struktur = Aufbau
Subjektivität = eine von persönlichem vom eigenem Ich ausgehende Betrachtungsweise
Subvention = Unterstützung
Superklugheit = Ueberklugheit
Symptom = Anzeichen
Ultimatum = ein letzter Vorschlag
verballhornen = etwas durch eine „Verbesserung" verschlechtern
Vivisektion = Zerschneidung des lebenden Tieres
vulgär = verflacht, im schlechten Sinne volkstümlich

ELEMENTARBÜCHER DES KOMMUNISMUS

1 KARL MARX — FRIEDRICH ENGELS: Das kommunistische Manifest sowie Materialien zur Geschichte des Bundes der Kommunisten. Mit Vorwort und Fremdwörterverzeichnis von Dr. H. Duncker.
4. erw. Auflage. 1927. 96 Seiten . . . . Mk. 0.80

2 KARL MARX: Lohnarbeit und Kapital. Mit einer Einleitung und Fremdwörterverzeichnis von Dr. H. Duncker.
2. verm. Auflage. 1927. 72 Seiten . . . . Mk. 0.60

3 KARL MARX: Lohn, Preis und Profit. Vortrag, gehalten 1865 im Generalrat der „Internationale". Mit Vorwort und Fremdwörterverzeichnis von Dr. H. Duncker und zwei Artikeln von Friedrich Engels als Anhang.
2. verm. Auflage. 1927. 80 Seiten . . . . Mk. 0.90

4 KARL MARX: Briefe an Kugelmann. Mit einer Einleitung von N. Lenin.
2. verm. Auflage. 1927. 104 Seiten . . . . Mk. 0.90

5 FERDINAND LASSALLE: Ueber Verfassungswesen. 2 Vorträge, gehalten in Berliner Bürger-Bezirksvereinen, und ein offenes Sendschreiben. Mit einer Einleitung von F. Mehring und einem Fremdwörterverzeichnis als Anhang. 86 Seiten . . . . Mk. 0.70

6 FERDINAND LASSALLE: Arbeiterprogramm. Ueber den besonderen Zusammenhang der gegenwärtigen Geschichtsperiode mit der Idee des Arbeiterstandes. Mit einer Einleitung von F. Mehring und einem Fremdwörterverzeichnis von Dr. H. Duncker. 1923. 58 Seiten . . . . Mk. 0.50

7 FRIEDRICH ENGELS — KARL RADEK: Die Entwicklung des Sozialismus zur Wissenschaft und Tat. Mit Vorwort, Fremdwörter- und Personen-Verzeichnis von Dr. H. Duncker.
1924. 91 Seiten . . . . Mk. 0.70

8 FRIEDRICH ENGELS: Der deutsche Bauernkrieg. Herausgegeben von Dr. H. Duncker. Mit Anhang: Die Mark von Friedrich Engels und andere Beigaben. 1925. 184 Seiten mit 28 Illustr. aus der Zeit. Brosch. Mk. 2.—, geb. Mk. 3.—

9 N. LENIN: Die Kinderkrankheit des Radikalismus im Kommunismus. 1926. 152 Seiten . . . . Mk. 1.20

10 N. LENIN: Staat und Revolution. Die Lehre des Marxismus vom Staat und die Aufgaben des Proletariats in der Revolution. 1926. 126 Seiten . . Mk. 1.20

11 FRIEDRICH ENGELS: Grundsätze des Kommunismus. Mit einem Anhang: Aus der Entstehungszeit des kommunistischen Manifestes. 80 Seiten Mk. 0.90

INTERNATIONALER ARBEITER-VERLAG GMBH
BERLIN C 25 / KLEINE ALEXANDERSTRASSE 28